瓷影凝光

鼎鼎盛艺术馆藏
历代瓷器精品

华侨博物院 漳州市博物馆 鼎鼎盛艺术馆 编著

江建新 ◎ 主编

文物出版社

图书在版编目（ＣＩＰ）数据

瓷影凝光：鼎鼎盛艺术馆藏历代瓷器精品 / 华侨博
物院，漳州市博物馆，厦门鼎鼎盛艺术馆编著；江建新
主编 . -- 北京：文物出版社，2023.11
ISBN 978-7-5010-8231-5

Ⅰ . ①瓷… Ⅱ . ①华… ②漳… ③厦… ④江… Ⅲ .
①瓷器（考古）－中国－图集 Ⅳ . ① K876.32

中国国家版本馆 CIP 数据核字 (2023) 第 199627 号

编辑委员会

主　　任　　钟志诚

委　　员　　林翠茹 贺春旎 蔡青梅 王荣春 苏国宝 黄筱雯

瓷影凝光——鼎鼎盛艺术馆藏历代瓷器精品图集

华侨博物院　漳州市博物馆　鼎鼎盛艺术馆　　编著

江建新　　主编

主　　任　　郝金玲 胡洪建

总　　监　　邱永宏 张　友

编　　辑　　吴堡辉 陈燕妮

设　　计　　艺秋视觉

校　　对　　吴小萍

责任编辑　　李　睿

责任印制　　王　芳

装帧设计　　厦门维视广告有限公司

出版发行　　文物出版社

地　　址　　北京市东城区东直门内北小街 2 号楼

网　　址　　www.wenwu.com

经　　销　　新华书店

印　　制　　厦门市金玺彩印有限公司

开　　本　　635 毫米 × 965 毫米　　1/8

印　　张　　36

印　　数　　1—1200 册

书　　号　　ISBN 978-7-5010-8231-5

版　　次　　2023 年 11 月第 1 版

印　　次　　2023 年 11 月第 1 次印刷

定　　价　　580.00 元

序

江建新

我国的陶瓷历史源远流长，史前有红陶、灰陶、黑陶与白陶，商周有原始青瓷与白瓷，东汉时期出现人们普遍公认的成熟青瓷，隋唐有了洪州窑、长沙窑、越窑、邢窑等名窑与名品，宋代则有所谓汝、官、哥、定、钧五大名窑之称，或所谓磁州窑、耀州窑、定窑、景德镇窑、龙泉窑、建窑六大窑系之说，元代有浮梁磁局，明清有御窑厂，这不同时期出现的窑场及其产品，是中国陶瓷史的重要内容。

唐代是我国陶瓷史上的一个高峰，长沙窑的釉下彩绘瓷和巩义窑烧造的白瓷代表了这一时期最高制瓷水平。越窑改变了唐代瓷器主要以素面为主的局面，创制了刻画、堆贴花装饰，这类精美而丰富的刻画花瓷器，不仅在纹饰上，且在器形上都受到同时代金银器制作工艺的影响。邢窑也是以烧造白瓷著称，其瓷器胎薄，色泽纯洁，陆羽在《茶经》中称之"类银""类雪"。婺州窑创烧于三国，盛于唐宋，婺州窑生产的产品在品种和造型方面与瓯窑、越窑相似。寿州窑繁盛于初唐和中唐，其著名的产品有"鳝鱼黄"。洪州窑位于江西丰城曲江乡境内，盛于隋至中唐，其产品釉色可分为青绿、黄褐和酱褐，是这一时期有代表性的制品。位于陕西铜川黄堡镇鼎州窑，唐代生产青瓷，兼烧的唐三彩亦为一代之名品。

宋代是我国陶瓷史上最繁荣时期，其时我国南北窑场林立，名窑名品相互媲美。汝瓷为所谓五大名窑之首，北宋晚期是其鼎盛时期，汝窑以"天青色"青瓷，堪称一代之绝品；官窑一般所指是宋高宗南渡后，在临安（今杭州）另设新窑，先"置窑于修内司"，后又在"郊坛下别立新窑"。为了区分，北宋官窑被称为"旧官"，南渡后的官窑称为"新官"，一般认为"旧官"厚重，"新官"轻薄。南宋官窑瓷器主要为素面，无雕饰彩绘，以凹凸直棱和弦纹为饰，胎色铁黑，釉色粉青，有"紫口铁足"特征；哥窑与官窑类同，也有紫口铁足，也有开片，哥窑却将"开片"发挥到了极致，产生了"金丝铁线"之美，学界对其烧造年代和窑址认识有分歧，有人认为并非是宋代，而是元代；钧窑有钧官窑和钧民窑之分，一般认为钧官窑窑址在河南禹州市（时称钧州）。钧窑主要烧造时期有说为宋、金、元，而有学者认为如今被定为宋代钧官窑的陈设瓷为明初永乐宣德时期烧造。钧窑的釉色主要有青色外，还有玫瑰紫、天蓝、月白等多种色彩，"钧红"的烧制成功开创了一个新境界。钧窑典型特征就是"蚯蚓走泥纹"，它的形成是因钧瓷的釉厚且黏稠，在冷却过程中，有些介于开片和非开片之间被釉填平的地方，会形成像雨过天晴以后，蚯蚓在湿地爬过的痕迹。在钧窑瓷器的传世品中，以各式花盆和花盆托最为多见，出戟尊则较少；定窑是最早为北宋宫廷烧造御用瓷器的窑场，也是宋代五大名窑中唯一烧造白瓷的窑场，定窑窑址在河北曲阳。定窑名称天下，主要是其制品色调白色偏暖，细薄润滑的釉面白中微闪黄，给人以湿润恬静感，另外由于其制品采用印花、刻花、划花等装饰技法，将白瓷从素白装饰推向了一个新高度，元人刘祁在其《归潜志》中有"定州花瓷瓯，颜色天下白"之赞。

明清以来的鉴赏家多以五大名窑论宋瓷，如果单从制品的精美程度来说当没有问题，若从宋代整个瓷业历史面貌来看，则失偏颇，因为其时的磁州窑、耀州窑、景德镇窑、龙泉窑、建窑、吉州窑是各有千秋、并驾齐驱的，在中国陶瓷史上都有一定地位。

宋代在设置官窑之前，定窑和汝窑先后奉命烧造贡瓷，史料中还可见北宋时越州、耀州、饶州等地贡瓷器的记载。如北宋早期朝廷设有"瓷器库"，据《宋会要·食货》载，"瓷器库在建隆坊，掌受明、越、饶州、定州、青州白瓷器及漆器以给用，以京朝官三班内侍二人监库。宋太宗淳化元年七月诏瓷器库纳诸州瓷器，拣出缺纹数目等第科罪。"由此可见，宋代贡瓷，一般都是出自当时较知名的民窑窑场，它们在烧造贡瓷的同时，主要还是进行民间日用瓷的生产，这与明清御窑是不一样的。由此观之，此次展览中不少精美宋瓷，很有可能都是当时的"贡品"。

元代开始，我国制瓷业开始向南方转移，景德镇窑、浙江龙泉窑、江西吉州窑、福建德化窑各有特色、各领风骚。明代以后，景德镇窑便独占鳌头了。

华侨博物院、漳州市博物馆、厦门鼎鼎盛艺术馆联合举办的"瓷影凝光"瓷器展，展品涵盖了五代、唐、宋、元、明时期众多名窑名品，以丰富的实物资料，为广大观众了解这一时期陶瓷生产历史，提供了一个很好的观摩学习空间。尤其是展览中的宋瓷部分，为我们研究这一时期我国陶瓷烧造、工艺技术、文化艺术等方面情况，提供了较为丰富的珍贵资料。

厦门鼎鼎盛艺术馆的藏品，原为台湾著名收藏家李成发先生所藏，此次经文博专家鉴别遴选的二百余件五代至明代瓷器，具有一定的代表性。瓷器的鉴定，鉴假易，鉴真难。这是因为在鉴真过程中，特别要求鉴定者除了要有较高的专业知识外，还要有强烈的责任感和担当精神。目前我国收藏界对国内藏家的藏品多持怀疑态度，这是很不正常的，据我所知，国际上许多著名博物馆的收藏，其来源都得益于私人收藏的捐赠，国内博物馆要走出目前藏品匮乏的困境，未来也得走私人捐赠这条路，希望有专业精神和有责任感的国有博物馆的专业工作者为此助力！

由私人收藏家安宅所藏为日本大阪市立东洋陶瓷美术馆的许多精美宋瓷；由大维德爵士所藏为英国阿尔伯特博物馆的许多中国瓷器，均是中国陶瓷学人最好的研学资料，也让大家羡慕不已。今观厦门鼎鼎盛艺术馆所藏瓷器，顿生欣喜之感，因为其所收藏的宋瓷，是目前国内陶瓷收藏界中不多见的，足以代表当今国内私人藏家的水平，它为我国古陶瓷学界提供了一份实在的，有一定价值的鉴研资料。

是为序。

江建新 景德镇御窑博物馆馆长、景德镇陶瓷考古研究所所长、国家文博研究馆员

瓷影凝光

——宋代瓷器精品展

主办单位：华侨博物院　鼎鼎盛艺术馆
协办单位：陈嘉庚纪念馆
展览时间：2023年8月29日—10月8日
展览地点：左翼临时展厅三楼

8.29-10.8

前　言

　　瓷器是土与火的结晶，是中国人的伟大发明。商周有原始青瓷与白瓷，东汉时期出现人们普遍公认的成熟青瓷，隋唐有了洪州窑、长沙窑、越窑、邢窑等名窑，宋代则有五大名窑之称，或六大窑系之说。这些不同时期出现的窑场及其陶瓷器皿，是中国陶瓷史的重要的组成部分。

　　宋代是我国瓷史上最繁荣时期，其时南北窑场林立，名窑名品相互媲美，不仅有著名的汝、官、哥、钧、定五大名窑竞相争奇，还有磁州窑、耀州窑、龙泉窑、景德镇窑等名窑百花齐放。汝窑以"天青色"青瓷堪称绝品，官窑以凹凸纹理和纹片为饰，釉色粉青，有"紫口铁足"特征，哥窑的"金丝铁线"将开片之美发挥到极致，钧窑的釉色主要以青色为主，还有玫瑰紫、天蓝、月白等多种釉色，"钧红"的烧制成功开创了一个新境界，定窑则将白瓷的素白装饰推到了一个新高度，有"定州花瓷瓯，颜色天下白"之誉，宋代竞相绽放的名窑名瓷，把中国瓷器艺术推到新的高峰。

　　宋代精美的名窑瓷器，以其优美的造型、鲜亮的釉色、丰富的装饰工艺而为人们所珍爱，更以其博大精深的精神内涵和文化意蕴而为世人所珍重。此次，我们从厦门鼎鼎盛艺术馆精选了宋代瓷器精品，以飨观众，让大家领略宋代古瓷之美。

■ 华侨博物院与鼎鼎盛艺术馆联合展览"瓷影凝光——宋代瓷器精品展"

漳州市博物馆

瓷影凝光

鼎鼎盛艺术馆藏历代瓷器精品展

主办单位：漳州市博物馆　　　鼎鼎盛艺术馆

展览时间：2022/3/15—2022/4/15

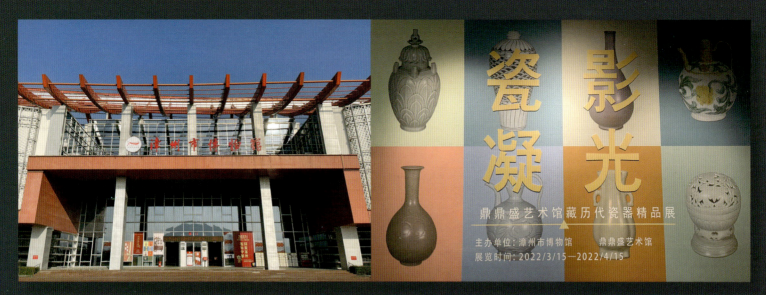

瓷影凝光

鼎鼎盛艺术馆藏历代瓷器精品展

主办单位：漳州市博物馆　　鼎鼎盛艺术馆
展览时间：2022/3/15—2022/4/15

前言

　　瓷器是土与火的结晶，是中国人的伟大发明。

　　三国两晋南北朝时期，青瓷的烧造已经达到很高水平；隋唐五代，瓷器技术进一步提高，形成了以南方越窑和北方邢窑为代表的"南青北白"两大窑系；宋代，著名的汝、官、哥、定、钧五大名窑竞相争辉，还有磁州窑、耀州窑、龙泉窑、景德镇窑等百花齐放，是中国瓷器艺术发展的高峰；元明清时期，制瓷业更加繁荣昌盛，各窑口争奇斗艳，工艺达到了历史最高水平，开创了中国瓷器发展史的新纪元。

　　这些精美的名窑瓷器，以其优美的造型、鲜亮的釉色、丰富的装饰工艺而为人们所珍爱，更以其博大精深的精神内涵和文化意蕴而为世人所珍重。此次，我们从厦门鼎鼎盛艺术馆精选了中国的历代瓷器精品，涵盖了各大著名窑口，以飨观众，让大家在缤纷的釉彩中领略古瓷之美。

漳州市博物馆与鼎鼎盛艺术馆联合展览"瓷影凝光——鼎鼎盛艺术馆藏历代瓷器精品展"

李成发

　　李成发是台湾早期资深的收藏家，是世界李氏宗亲会理事长。

　　李成发以服装起家，他早年创办的男装社，专门为国民党高层领导人制作中山服。和国民党上层人物有很多交往，1949年新中国成立前夕，很多国民党官员退到台湾，而李成发因为做中山服的缘故，常常走进这些国民党官员的家里，很快就被陈设在屋里的古董字画所吸引，同时也结识许多文博大家及台北故宫博物院院长庄严，由此与古董结缘，逐渐走进古玩收藏的世界。

　　在1973年2月，李成发就被"中华博物馆"聘为博物馆顾问。"中华博物馆"，也就是台北故宫博物院的前身。在此后六十多年的时间里，李成发先后搜罗到数量众多的藏品，有两万余件，而且藏品丰富广泛，六七十年代在美国，日本，英国等国家，以及台北故宫博物院均有过展览，且引得多家报社刊登报道，受到台北故宫博物院不少研究员专家的称赞，在这些藏品中，最珍贵的就要数这对明代成化白釉印龙纹天字款蛋壳杯了。

　　光阴荏苒，时光如梭，到了晚年，李成发先生落叶归根、思乡情结日益浓厚，他觉得应该让他收藏的这批藏品回到祖国故乡，有一个更好的归宿。

　　李成发的爱国情怀值得国人赞叹，如今在他的子女安排下，李成发先生的这批藏品，已经带回了祖国故乡，完成了李成发先生的心愿。

李成发早期照片

陶瓷的 根 源
中國歷代陶瓷展目錄
李成發珍藏

中華民國國立歷史博物館 印行

序

陶器之製作，最初爲了解決農業生活之需要，有了陶器之後，先民始能拾棄原始的游牧生活，而進入農業型態的固定生活，於是人類開始劃地耕耘，播種五穀，建立家庭，進而結合部落而建立邦國，此皆陶器帶來之文明。

我國陶瓷之發展，從史前之石器時代迄今已將近萬年，它循着農業文化之傳統精神，不斷地發展創新，先由原始之粗陶而彩陶，由彩陶而細陶，由細陶而釉陶，再由釉陶演進爲瓷器，整個陶瓷的演進史，似乎隨着文化的發展，均衡地發展，到了近古時代陶瓷更由日常用品的演進爲珍藏的藝術品，可見它與人生的關係不僅是現實的，且是精神生活的一部份。

由於經濟之繁榮、生活安定、知識之普及，收藏古物在國內已成爲非常普及之風氣，由於他們專心與愛好，卻爲民族保存了優美的傳統文化。

台北李成發先生，國內知名之收藏家，對於各種古物均極珍愛，尤精於陶瓷之鑑賞與收藏，經三十餘年之搜求，獨自家藏陶瓷精品達兩萬餘件，其年代有始於仰韶之彩陶、龍山之黑陶，而歷商周、漢唐之拍紋陶、綠釉陶、及早期之瓷器，以及唐、宋、元、明、清精瓷，其難得者，李先生之藏品都以官窯細瓷爲對象，其主題多以歷史文化、生活之攷據爲優先，此史學家之精神也，在其藏品中對於陶瓷之演進，構成完整之系統，而成爲研究陶瓷史最好之資料，本館鑑於發揚我國歷史文化，特邀請李成發先生將其畢生心血之結晶，作有系統之介紹，用饗國人，爲增進對我國陶瓷發展之認識，特編印專集以爲推廣，爰爲序，並致謝意。

博物館館長 何浩天

我對收藏中國陶瓷的感想　　李成發

歷史文物的鑑賞以及保存的責任，是長遠而又艱辛的。三十多年的收藏經驗，談不上豐盈，然而由於興趣廣泛，歷代的古器物，如：陶瓷、字畫、銅玉、雕刻，無不喜受。近年來，更將中國陶瓷作一番有系統的整理，上起史前仰韶、龍山時期，下迄唐宋元明清，每一件藏品，從資料之探討，以及器物的追尋，無一不是費盡心力方能如願。

此次承蒙博物館之協助，得以將歷年收藏品參展，提供大眾觀賞與研究，欣慰之餘，同時亦盼此次展覽除了共同探尋中國陶瓷的「根外，也能使我們感受到祖先優美文物的遺澤，從而對我中華文化之復興有其神益。

■ 李成发藏品在博物馆展览

■ 李成发被台北故宫博物院聘为顾问以及藏品在20世纪70年代多次刊登各大报刊

汝窑

官窑

哥窑

定窑

钧窑

龙泉窑

磁州窑

耀州窑

湖田窑

建窑

越窑

目 录

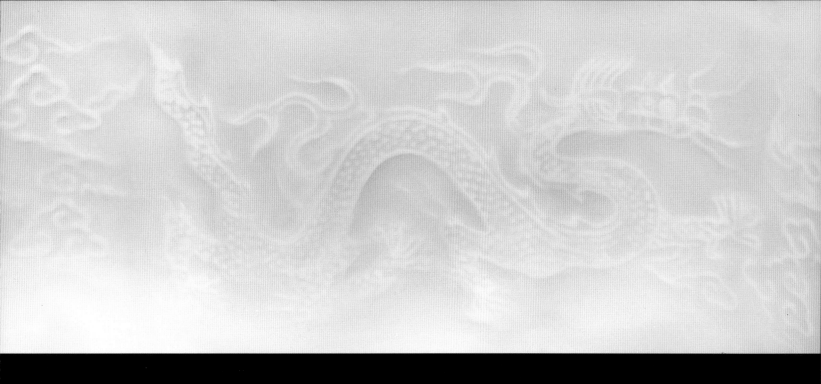

【001】 明成化：白釉印龙纹天字款蛋壳杯

尺寸：高 5.0cm 口径 5.7cm 底足径 2.5cm ／ 高 5.0cm 口径 5.8cm 底足径 2.5cm

说明：赏其形态，器形规整端庄，精巧玲珑，上手异常轻薄，几乎无重量之感，确是那"薄似蝉翼，轻若浮云"之脱胎瓷。杯内壁为暗印纹，其主体纹饰为龙纹与祥云，光照之下，纹饰满工，龙纹线条精致，身形粗莽协调，翻滚于云雾之中，灵动之感扑面而来，杯内底部暗印一个天字款。薄胎瓷，指一种轻巧秀丽、薄如蛋壳的细白瓷，通常又称脱胎瓷，是形容它薄到几乎没有胎的程度。据文献记载，蛋壳杯也称卵幕杯，"薄如蝉翼"，只见透明的釉，而几乎不见胎骨，映着光可以看见手指上的螺纹。"只恐风吹去，还愁日炙消。"这两句古人咏薄胎瓷的诗句，形象地描绘了这种瓷器轻薄之美。明代成化年间，薄胎瓷的制作工艺堪称绝技，制瓷师傅一般都要关起门来偷偷地在屋里做，轻易不肯传给外人。薄胎瓷的制作要求极高，特别是修坯，最艰难也最紧要。胎体成型后，待器内挂釉干涸，即刮除未挂釉那面的胎体，刮到几乎只剩一层釉，再在此刮削面上施以釉汁，坯体在利篓上取下装上，反复百次之多，才能将二三毫米厚的粗坯，修到蛋壳那么薄。少一刀则嫌厚，多一刀则报废，稍不留神，一个喘息都会导致前功尽弃。因此非技术精湛的制瓷名手是不敢问津的。烧好后的蛋壳杯似乎抽去了胎骨，"脱胎"之名由此而来。这么细薄的胎上还要印龙纹，那就难上加难了。因为制作工艺的难度极高，景德镇御窑厂挖掘的这种明代成化白釉蛋壳杯薄胎瓷碎片很多。目前存世完整的成化蛋壳杯非常稀少，除了这对天字蛋壳杯，台北故宫博物院还藏有三只成化白釉蛋壳杯，也是印双龙纹，其中两只带"大明成化

收藏于故宫博物院的天字款斗彩海水飞象纹罐，烧制于明代成化年间，罐底中央一个俊朗的"天"字，令人耳目一新。

　　这对明成化白釉印龙纹天字款蛋壳杯，杯底也可以看到一个"天"字，两个"天"字一明一暗，同样的舒朗俊逸，仿佛是同一个人书写而成。

　　成化年间烧制的瓷器，反映出宪宗皇帝偏向纤巧的审美意趣。成化白釉印龙纹天字款蛋壳杯器形小巧，造型秀丽，杯的内壁暗印双龙纹，龙的双眼突出在一侧，犹如戴了一副眼镜，专家称之为眼镜龙，有着成化瓷器龙纹的典型特征。"天"字款，是中国陶瓷史上成化时期特有的瓷器底款，专家由此把这种瓷器称为"天字罐"或"天字杯"。那么，宪宗皇帝为什么要以"天"字作为瓷器底款呢？通过这个"天"字，他想传达或暗示什么呢？瓷器底部这个无边无栏的"天"字，是要警告或提醒臣民们：皇帝受命于天，是秉承天意统治天下的。

　　其实，在封建社会，老百姓都知道"普天之下，莫非王土""天下只有皇帝一个人说了算"这个道理，宪宗皇帝何必要强调此事呢？原来，这是不自信所致。这种不自信与宪宗皇帝幼年时期经历的皇位之争有关。宪宗皇帝朱见深，早在两岁时就被立为皇太子，不久，因为他的父亲明英宗在土木堡之变中被俘，皇权落到了他叔叔明代宗手里，明代宗登基后，改立自己的儿子为太子，将侄子朱见深赶出皇宫，废为沂王，这一年，朱见深只有五岁。传奇的是，又过了五年，朱见深的父亲明英宗夺回了皇位，十岁的朱见深再次成为皇太子，七年后，朱见深做梦一般地登上了皇位。

　　也许，正是因为这些坎坷的经历，让宪宗皇帝觉得世事无常，即使坐在皇帝宝座上，也完全没有安全感，需要提醒天下臣民，自己是"真命天子"，以"天"字作为瓷器底款，是要强调自己的皇权受命于天。

成化瓷器
特展圖錄

CATALOGUE OF THE SPECIAL EXHIBITION
OF CH'ENG-HUA PORCELAIN WARE

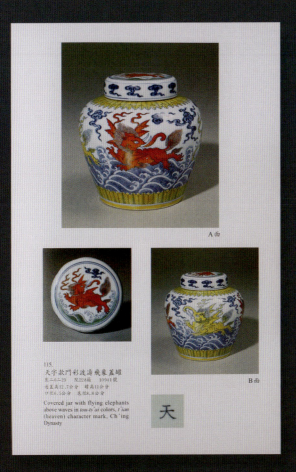

A面

115.
天字款鬥彩波濤戲象蓋罐
高二六二三　配22件箱　10944號
青花高12.7分　蓋高11分
口徑4.5分　底徑2.4分

Covered jar with flying elephants
above waves in tou-ts'ai colors, t'ian
(heaven) character mark, Ch'ing
Dynasty

B面

天

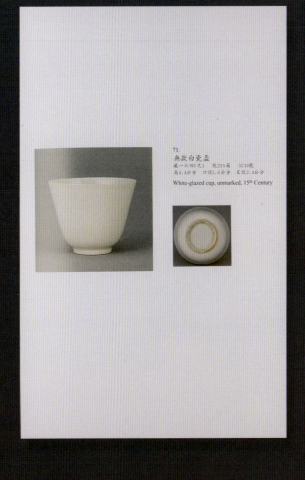

71.
無款白瓷盃
嵌一六四1之1　配235盒　5219號
高4.4分　口徑5.6分　足徑2.4分

White-glazed cup, unmarked, 15th Century

"天"字款

■ "天"字款

景德镇御窑博物馆
景德镇陶瓷考古研究所
厦门市博物馆
鼎鼎盛艺术馆

［联合展览］

物本天成

——景德镇御窑出土成化官窑瓷器特展

明代成化时期，江西景德镇官窑在经历了正统、景泰、天顺三朝的"空白期"之后，重新进入御瓷生产的繁荣阶段。在明代历朝官窑瓷器中，成化瓷独树一帜，其造型玲珑俊秀，纹饰婉约淡雅，一改洪武、永乐、宣德时期的"恢宏大气"之风，将柔和宁静、轻盈秀雅的风格发挥得淋漓尽致，从而大放异彩，赢得后世极高的赞誉，以至于陶瓷鉴赏界至今仍流传着"明看成化，清看雍正"的说法。

本次展览共展出景德镇御窑遗址出土的明成化瓷器101件，分为"成化青花瓷"、"成化颜色釉（彩）瓷"、"成化斗彩瓷"三大类。"成化青花瓷"的钴料多采用国产的"平等青"，颜色淡雅柔和，发色稳定；"成化颜色釉（彩）瓷"釉质清润如脂，色彩典雅，工艺精湛；而"成化斗彩瓷"则最负盛名，其釉下青花和釉上诸彩交相辉映，争奇斗艳，雅丽绝伦，堪称陶瓷艺术的瑰宝。

主办方：厦门市博物馆 景德镇市陶瓷考古研究所 景德镇陶瓷民俗博物馆

明成化白釉印双龙纹蛋壳杯

物本天成——景德镇御窑遗址出土瓷文物专题特展

■ 中央电视台 4 国际频道《国宝档案》2015 年 2 月 11 日
国宝记忆——蛋壳杯的乡愁

■ 故宫博物院研究员：耿先生

　　景德镇御窑厂挖瓷片的时候我经常去参加，他们挖到成化白釉蛋壳杯瓷片我也在场，一筐筐往回抬。我敢说这对杯子和出土瓷片，质感上是一样的，这对杯子因为少见，说真的，拿到哪去也没多少人敢说长说短，除了御窑厂成筐成筐的瓷片，就是大英博物馆、大维德那里也没有，这是社会上少见的。这个从我研究来看是相当不错的，底款有天字是代表成化官窑，实际上成化东西就是跟油一样，因为这东西，现在的瓷土都做不了这胎子，釉也做不了。

　　现在能手都达不到这个印花，清代印花龙纹是立体的，线路很清楚。明代是模糊的，是圆的，像我手一样棱角是圆的。

　　我觉得这对杯子不错，不管器形、胎质、釉色都是到位的。

跟它造型的秀美，我们经常有一句话说：明代看成化，清代看雍正。有一种白瓷很受大家称赞也很受大家喜欢的就是薄胎瓷。永乐时期实际上已经有了这种薄胎瓷，但是通过我们现在的对比研究来看，最薄的还是在成化。景德镇御窑厂遗址也发掘出来了这种标本，传世品当中也有，但是很少。我们一般叫脱胎，或者是叫卵幕，或者是薄如蝉翼，其实这种形容真是不足为过，真是达到了这种程度，可以说超过历史上任何时期的这种薄胎瓷，特别是成化时期，真是像纸一样薄，釉面又特别的干净漂亮。这个烧成难度，它的制作难度是相当大的，它有很好的这种利坯工艺，你看往往它不光是薄，薄完以后它还有暗龙，这就更难得了，这么薄的胎子上，一般都是印的花纹，用模子印的，那就更难得了。烧完了之后还要不变形，不裂，这个工艺难度是非常大的。

　　过去来讲，景德镇做这种跟那个青花玲珑瓷一样，都是绝技，一般不让外人看的，师傅都是偷偷地在屋里关着门做，一般人是看不到这种技艺的。所以说呢，白釉瓷当中有这类的，受到评价是相当高的。

■ 江建新

景德镇御窑博物馆馆长
景德镇陶瓷考古研究所所长
国家文博研究馆员

　　我们景德镇御窑厂挖了很多明清两代的官窑瓷片。那么，最漂亮最细腻最薄的是成化白釉印龙印凤的蛋壳杯，研究了一下，这对蛋壳杯的纹饰，它的胎，还有造型和釉色，应该说和窑址出土的瓷片基本上一样的，是没有问题的。

　　这种作为成化官窑薄胎瓷，我觉得它在工艺史方面是有它的独特之处的，有着非常大的意义。什么原因呢？这个就是几个工艺方面的原因。这个胎要变化，如果还是过去永乐宣德的那种胎的话就做不到这么薄，那么这里材料变化了。另外就是它的工匠本身的追求，手艺高超。所以这种薄胎瓷，应该说是成化官窑一个非常重要的工艺革新技术，它应该说和这个斗彩的意义是不分伯仲的，这个釉，这个印龙纹和这种带牙黄色的薄胎现在是做不了的。像这种出土瓷片我仔细看了一下，和传世的花纹几乎没有什么区别，而且这种牙黄色的颜色也是不容易，很难得。

　　现代的工艺很难达到，因为现在成化官窑时代原生的矿土已经枯竭了，所以成化时期还是利用高岭土，一些非常好的优质高岭土，那么到了清朝以后高岭土主要是在祁门和新城，所以尽管他知道工艺，但烧出来釉的颜色那种牙黄色他达不到。它这个工艺方面非常复杂，所以它这个成品率是极低极低，非常低的，可能百分之一都达不到，我们这里出土了大量的瓷片，一大篓筐一大篓筐，但传世品极少。

日本古九谷瓷的绚丽华彩

石 宪

日本古九谷三彩罐

日本古九谷五彩花鸟盘

日本是一个由群岛组成的岛国。瓷土资源匮乏，因此，陶瓷品种主要为陶瓷材料制作的陶器。目前，日本传统瓷器生产有有田及九谷两处。九谷烧瓷器的历史可以追溯到 1655 年。在当时北陆道加贺国江沼郡大圣寺藩领内，大圣寺川上游附近的九谷村（今日本石川县）金山上发现了瓷土矿，第一代藩主前田利志，派遗其原在金山上练金的后藤才次郎前往肥前有田学习制瓷技术，后来引退了有田烧的染色技术，开始在九谷村建窑，生产瓷器。从此，九谷瓷诞生了。但令人遗憾的是九谷开窑的时间并不长，17 世纪末的一场战乱，使九谷窑灰飞烟灭。但令人遗憾的是它对于日本进入瓷器时代产生了深远的影响。其气势恢宏的造型，浓重艳美的色彩，精湛秀丽的工艺，就是今天的珍贵。对于日本 500 年的瓷器史留下了一拄最为浓重的色彩。

19 世纪初日本再兴九谷窑并形成的九谷系，后来的学者们为了有别于再兴的九谷诸窑，在"九谷"前加以"古"字，并称这一时期生产的瓷器为"古九谷"，由于传世作品极其稀少，因此更显它的珍贵。尽管九谷窑只是昙花一现，但是它对于日本进入瓷器时代产生了深远影响。现藏于吉林省博物院里收藏着两件日本江户时期的古九谷瓷。均为国家一级文物，其独特的造型、浓重的色彩、手绘的装饰、灰色的瓷胎以

及绿釉"福"字款识等等，都集古九谷瓷所有风格和特点于一身，实为难得一见的艺术珍品，具有较高的历史和学术价值，对研究日本陶瓷具有重要的佐证和参考作用。

古九谷瓷在陶瓷工人取九谷村花板石层下土，用大圣寺川之水，以背后山谷森林为燃料，胎上以画笔勾画出纹样轮廓，勾勒水墨画一样，色彩要素有浓淡、阴阳效果。在彩绘之前必须种蓝、红、紫等各种色料进行研磨、调制、配比好。为了烧制出厚重、丰富、悦目的色彩，陶艺师叶需要花费相当长的时间，对色料进行试烧。在达到理想的彩绘效果之后，再一层层入彩烧，窑炉中的温度控制在 800—1000℃。图案上的色料随着温度的升高而逐渐溶入釉上，形成玻璃釉面上的透明膜，同时呈现出奔放、大气、绚丽的绝色。

此古九谷三彩罐，罐口直径 10.3 厘米，底部直径 13.2 厘米，腹部直径 74 厘米，通高 25.2 厘米，重 3640 克。罐肩部环形空间内六面开窗，绘有三种颜色和花纹各异的对称图饰，罐器底部绘有一周绿釉及白色草纹。罐器底写"福"字印章形款，罐口稍有擦伤，罐底部有少量修补。此罐造型恒满圆润，线条饱满流畅，画面壮丽宽广，意境高远。其造型、构图和装饰充分体现了古九谷庄重、沉实、重彩的风格。立方象于胸怀是山水画创作昼古不变的艺

术法则，罐体上手绘的海涛文饰，营造出浩森的湖水、连天的碧波，墨绿色的茅舍隐现在紫褐色与湖蓝色的峙石之中；从林绿树显星点点、小桥、人物点级其间，充分表达了冬去春来，冰消雪莱，草菜树茵，万物复苏的勃勃生机。画面晴空下的湖水，轻波漾漾，远处的高山，重峦叠章，岸畔让的苍苍、翠绿鉄滴，木桥上的游人，悠然自得，这里仿佛是飘逸清雅、味醇韵远的人间仙境。此罐釉底纯洁，釉彩浓郁，色泽鲜明，液态感强烈，颇具润和的光泽，特别是藁黄色的海涛文饰，由内向外迸出立着的告色，自罐底影显出口沿处，勾净中显释格外平和与稳重，这种内而积覆盖的装饰效果，堪称一绝。日本称之为"涂理手"。

1992 年 8 月，此罐出长春市一市民处征集了，推动了瓷器专家们的极大兴趣和高度重视。1993 年 8 月，国家文物鉴定委员会瓷器专家鉴定组耿宝昌等人认定为一级乙。

古九谷瓷分为普通彩绘九谷、青九谷、蓝九谷和琉璃九谷。以碟、钵、德利（酒壶）、瓶、香炉、钱子（水壶的一种）等为主要器形，最有代表性的是作器物为大盘。伪满皇宫博物院收藏的五彩花鸟盘，口径 17.6 厘米，相对角距最 32.5 厘米，重 1445克。盘外沿为九边菱形，每边内收，微向上卷，似佛身状，胎质青灰色，且有诸多杂质，

盘内中以汲取营养，绘画作品异常丰富，既有花鸟、鱼纹、鹤、神灵等寓意吉祥的题材，也有人物、山水、松、竹、梅、菊等纹样，将人们对生活的美好追求与彩描绘、完美地诠释到器物的绘画中。此盘的构图内容为古九谷瓷最为传统的绘画元素，图案在中以中国画谱为蓝本进行瓷绘和装饰的风格。此盘绘画技法烟致和丽，情趣盎然，以对翅膀如生的呖叭鸟，正在枝头引颈高歌，深情鸣唱，侧耳倾听，仿佛能听到清脆的鸟鸣正从"野"的小山林中缓缓而出。两只鸟下方竹、梅、石榴呼应，错落有致。细看竹叶精美飘逸，花朵宛转圆润，树干顿挫遒劲，鸟儿活泼灵动，整个盘面给人以内涵饱

满，积淀丰盈之感。此盘用色呈为五彩，且富丽绚烂，却无杂乱无章之感，其中绿色为主要基调，不仅点出了画作中的早春时序，更彰显着生命的激情与活力，其他各色他相互衬托，各臻其妙，更凸显古九谷瓷沉温、古朴和淳厚的风格。鸟身及尾，深处积釉已呈墨绿，浅处呈白绿，其他各色他能相互衬映；花卉紫色，略像美蓉石，蓝色呈不匀净，但过渡得自然，色彩随意感平和；花卉紫色，略像美蓉石，蓝色呈不匀净，但过渡得自然，色彩随意感觉，盘背彩绘绘丛、竹、梅等枝纹和饰装饰，疏密得当，浓淡相宜，与盘面风格遥遥浑然一体。底足有较地的火石红痕迹，足底的款识为手书双立方形"福"字款，墨彩之上绿釉覆之。

1983 年 7 月，此盘由吉林省博物院调拨到伪满皇宫博物院收藏。1993 年 8 月，国家文物鉴定委员会瓷器专家鉴定组耿宝昌先生等人定为一级乙。

有关明成化『天』字款的研究

高阿申

"大明成化年制"款白釉杯（来自 CNTV 网站）

台北故宫博物院的藏品，大多为北京紫禁城旧藏。其中，三只杯壁描双龙珠赶珠纹的成化蛋壳小杯，令人瞩目。蛋壳状，又称薄胎瓷、脱胎瓷，白瓷中掺以玉粉，成化时有较高成就，因制作难度大，存世量稀少。

这三只小杯，两只杯壁"大明成化年制"双蓝六字青花款，另一只不带款，原本为清宫多宝格里的摆件。系皇帝心爱之物，现为台北故宫博物院珍藏之一。

台北发现成化"天"字杯

1973 年，台湾早期收藏大家李成戍发挥访了庄严。李成发是庄严志同道合的老朋友，精于鉴赏，他从锦盒里，右任所送的这两只小杯，与台北故宫博物院珍藏的三只成化蛋壳杯惊人的一致，而小杯底部，暗刻了一个"天"字。庄严拿着放大镜仔细研究，一边看一边赞叹道："这是天字款啊！"李成发的造访，给庄严带来惊喜，原以为台北故宫博物院的成化蛋壳杯是世上仅存，想不到民间也出现两件，而且带"天"字款。

古陶瓷鉴定家对故宫博物院研究员耿宝昌观察了这两只白釉龙纹天字杯的瓷胎、瓷胎和纹饰后，予以了肯定。他说："这种水跟油一样的，这和天跟水跟油一样。""我觉得这两件东西是不错的，是真的。这种的质感，还有这种白的垂釉，是到位的。不管器型、胎质、釉色，都是对的。"

御用瓷以"天"字为款识，前无古人，后无来者？那么，成化为何要以"天"字为款型纹识款识？通过这个"天"字，成化皇帝想暗示和传达什么？

朱见深童年

成化时期出现"天"字款，其实，是有其深刻历史原因的。台湾学者庄灵（庄严之子）和蒋建新认为，当与成化皇帝童年的遭遇有关；朱见深刚才三岁，不久，父亲明英宗于土木堡之变中不幸被俘，皇权落到了叔叔朱祁钰手里，明代宗登基后立自己的儿子为太子，将他子朱见深赶出宫去，立了一个"天"字。庄严拿着放大镜仔细研究，一边看一边赞叹道："这是天字款啊！"李成发的造访，给庄严带来惊喜，原以为台北故宫博物院的成化蛋壳杯是世上仅存，想不到民间也出现两件，而且带"天"字款。

追本溯源，可以发现，台湾学者的见解，符合历史客观。

除了成化皇帝个性原因原因外，笔者以为，成化以"天"字为款，还当与其父亲"天顺"的年号年号有关。明英宗九岁登基，年号正统。正统十四年（1449），廿三岁的明英宗御驾亲征瓦刺时被俘虏，北京城里的大臣拥戴明英宗的弟弟朱祁钰登上皇位，改年号为景泰。但是，回到皇宫后，朱祁镇被弟弟最豪命"软禁于南宫，一锁就是七年"。景泰八年（1457），石亨、徐有贞等人乘景泰帝病危，发动了奇门之变，拥护明英宗复位称帝。明英宗第二次登基，改元号为天顺。为什么叫天顺？为夺权毕竟不够有理，所以名正言顺，便以以天顺为年号。于是意思很明白旨意，自己才是真天子。不难想象，成化的"天"字款，灵感也可能源于此。

明成化早期时宫窑，喜以永宣之物作器，主要包括两个方面，一是模仿器形、釉彩等，一是模仿宣德瓷的种种的款识，如盘上署篆书青花"永乐年制"四字；后者，于器口边锥刻篆书"天"字。压手杯的"永乐年制"四字不惟"细弱粒米"，竟然还有粘在花心内，埋在狮球中的，显示出帝王统帅是为了人人赏玩。而成化则把单个"天"字，高而地基刻在杯的底足处。可见"天"字是显眼的，可能是给大臣看的。

再则，天字杯属罕见，1973 年于台湾发现了两件。更重要的是，天字款的出现，就成化皇帝个人而言，有其合理性和必然性。

从已面世的成化"天"字款器来看，笔者认为：应该先有天，后有

（转第 10 页）

皇帝受命于天。是真命天子。

而易见是，成化的"天"字款，有别于通常概念之宫窑款；由于明宪宗朱见深独特的身世，造就了天字款。也因此，成化"天"字款瓷器，在中国陶瓷史上留有着独特的地位。

妙极神工的盛唐花式铜镜

饶 胜

花式镜是中国古代青铜镜的一大变革，在唐代青铜镜的一个重要变类。该镜造型和纹饰相得益彰，内容与形式相谐统一，多以绕式和对称式表现手法构图，布局清晰明朗，自由巾巧妙，呈现出浓郁的盛唐气象。河南新乡市博物馆藏有唐代菱花形镜和葵花形镜，镜形以八出菱葵弧层多，镜纹多为花卉、飞鸟等写实生动植物纹饰。

中国铜镜历经战国、两汉的繁荣、魏晋南北朝的中衰，在唐代迎来了第三次发展高峰。盛唐时期，社会经济文化全面发展，推动了铜镜铸造工艺的进步完善，铜镜造型与纹饰得到创新性变革，二重主素融合统一，造就了流畅华丽、自然大方的铜镜风格。这一时期的铜镜在造型上突破了传统的圆形正元，新出葵花形或圆形，梅花形等花式镜，纹饰影翻细致，更具有艺术性和观赏性，标志着中国铜镜进入了最为绚丽多彩的时代。妙极神工的花式铜镜让我们可以窥见唐代匠人高超的青铜铸造工艺和精湛的装饰艺术，展现了大唐盛世繁华博精深的文化底蕴和海纳百川的博大胸怀。

葵花形镜

双鸾葵花镜流行于晚唐至中唐时期，造型多为八出葵花形。葵嘴圆润饱满，弧度自然。该类镜主纹为一对鸾鸟，鸾鸟左右对称，多作俊或花式，其间以小型花枝或鸾鸟作陪衬。铜镜造型博大方，纹饰线条流畅，图案清新自然。双鸾镜有着鸾鸟百年好合之意，多受世人喜爱。文人墨客对其更是追捧有加，唐诗中对此多有体现，如李贺"双鸾开镜秋水光，解聚腾钗出宝唐"的春风凤凰楚楚动态，明王羊华梦里声"，李群玉"曾以双鸾舞镜中，联天接影对春风"，等等。

双鸾花鹊镜（图 1）。葵花形，通径 12.5 厘米，厚 0.5 厘米。圆形钮，圆形钮座。钮座外一对姿态华美的鸾鸟立于镜钮两侧，划画清盈朗丽，鸾鸟口衔绶带，曲颈俯首作展翅舞翩状。钮底下有一只鸟立于花叶立于枝叶之上。钮上侧有浮云纹。外区有云纹和花叶间隔均匀分布于一周。鸾鸟象征着美好的爱情，民间有着"比翼鸾鸟不羡仙"的美名，表达了世人对于美好情感的向往。

双鸾花枝镜（图 2）。葵花形，通径 24.5 厘米，厚 0.45 厘米，无钮座。为争奇斗艳的孔雀单朵立于镜钮左右两侧，俯首曲颈，羽羽翔尾，羽冠上扬，作开屏展翅状。钮上似两只一枝的宝相花，钮

下似两叶一枝的莲花，边缘处均布八枝卷叶纹。孔雀自古以来是吉祥富贵的象征，孔雀开屏蕴藏大吉大利。

双鸾单兽镜（图 3）。葵花形，通径 18.6厘米，厚 0.6 厘米。小圆形钮，无钮座。钮镜左右两侧饰有一对富丽华贵的凤鸟。凤鸟曲颈展翅，尾羽卷扬，翔翮如生。钮上部左一团包意云纹。下部有一似天马瑞兽作飞奔状，气势安乐，颇有"天马常衔百宿花，胡人系献葡萄酒"之潇洒。外区饰有云纹和花叶，凤鸟纹为中国传统吉祥纹饰，是祥瑞的象征。

双鸾瑞兽镜（图 4）。葵花形，通径 15.6厘米，厚 0.46 厘米。圆钮，重圈纹钮座。不分钮座，主题纹饰二瑞兽和二鸾鸟依次交替间向奔凝一周。钮座左右两侧高高扬的凤凰纹，凤凰曲颈展首首相对，长尾飘逸，翅翔生动。二瑞兽凤凰奔洞异生，造型遍真，当为不同动种。上部瑞兽四脚腾跃，左右配以流云状，怒目圆睁，张牙舞爪，十分威猛。

菱花形镜

花鸟菱形镜纹饰以花卉纹、枝叶纹和鹊鸟纹为主。镜型多为八出菱花形，镜缘处多作一周完整的圆形，孔雀自然突出、自由，该镜在布局风格上打破了初唐时期的严谨格局，多以环绕式为主，表现形式更为奔放自由：《埠雅·释草》："旧说，镜谓之菱华，以其面平，光影所成如此。""嫦竹宝镜依然在，鹊影菱花满光彩"，把这类镜的造型和纹饰表现得淋漓尽致。庾信《镜赋》："临水则池中月出，照日则壁上金生"。韦应物《感镜》"铸镜广信市，菱花匣中女"，王勃《上皇甫常伯自序》"鹊镜临春，妍娥自远"等诗句指的就是这类铜镜，可见，花鸟镜在唐代也是较流行的，富有浓厚的人文气息与生活气息，是对大唐盛世社会生活的形象反映。

山海雄鸟花枝镜（图 5）。菱花形，通径 11.1 厘米，厚 0.65 厘米。圆形钮，钮座外一周花纹，外饰四瓣高山，山水相连，水波荡漾中似有瑞兽若隐若现。外区主要为花枝纹、鸟纹和雄鸟纹等。钮口衔授带或花枝振翅飞翔，花枝左右两侧饰姿态各异的蜂纹、蝶纹，组成了一道自然多姿的原野风光。纹饰清晰鲜明，自然分别。

雀绕花枝镜（图 6）。菱花形，通径 10.1厘米，厚 0.7 厘米。圆形钮，钮外一周花鸟并重，作环绕式构图，纹饰活泼灵动，造型有别，有做展翅飞翔状，有做站立状，花卉争奇斗艳十分别致。外区一周为枝叶纹。画面动静结合，细腻生动，清晰自然。该类花式镜多以菱花形为主，是最富有时代特色的花式镜。

图 1　双鸾花鹊镜

图 2　双鸾花枝镜

图 3　双鸾单兽镜

图 4　双鸾瑞兽镜

图 5　山海雄鸟花枝镜

图 6　雀绕花枝镜

图 7　鸾鸟瑞兽花枝镜

鸾鸟瑞兽花枝镜（图 7）。菱花形，通径 12.6 厘米，厚 0.7 厘米。伏兽形钮，钮座左右两侧饰有鸾鸟纹，二鸟体态轻盈，引颈踮向，展翅欲飞；钮上下两侧鸾鸟身形矫健的瑞兽，种类有别，作飞奔状，雄健有力，动感极强。瑞兽与鸾鸟间饰有花叶纹与飞翔鸾鸟间隔排列。铜镜布局以环绕式为主，结构疏密相间，纹饰刻画清晰。这件周打期盛行的海兽葡萄镜发展演变而来，是海兽葡萄镜向盛绕花枝镜过渡的镜类，年代相对较早。

珍贵的蒙古骆驼神绢画

王大方

这幅绢画，绘画技艺高超，给人以骆驼飞奔、骑手气势磅礴的威猛与运动感，反映了草原上的牧人对骆驼敬畏的心理，是古代绢画中的艺术珍品。

号称"沙漠之舟"的骆驼，因其吃苦耐劳、默默奉献、驮运致远而备受生活在草原和沙漠地区游牧民族的喜爱。为了祈求骆驼能够繁衍兴旺，古代牧人们在精美的绢帛上精心描绘出骆驼神的形象。由于时代久远，这种绢画也十分稀少了，在蒙古国首都乌兰巴托的蒙古国家博物馆中，有幸看到了一幅蒙古国骆驼神

绢画。

在这幅绢画上，描绘着一峰正在奔跑的骆驼。在骆驼背上，有一位神勇可畏的神，蓬发直竖，飘舞头少带，左手法座，蓬发直竖，飘舞翔。祥云绕绕在骆驼与骑手背后，这位骑乘骆驼的人，就是草原上传说中的蒙古骆驼神。

在蒙古草原、沙漠地区，牧人们对骆驼神十分崇拜，相信他们可以保佑牧场丰阔，保佑牧民们旅途平安。在这种风俗影响下，牧人善待骆驼并少分尊敬骆驼。在蒙古人的古老风俗中，不允许在骆驼的棚圈便溺、不许急宰马，等到骆驼步入老年再不宜为劳作，这时，蒙古人就把骆驼放生回到别沙漠或草原上。

有关明成化『天』字款的研究

高阿申

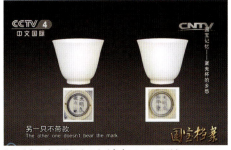

"大明成化年制"款白釉杯（来自CNTV网站）

台北故宫博物院的藏品，大多为北京紫禁城旧藏。其中，三只杯体暗刻双龙戏珠纹的成化蛋壳小杯，令人瞩目。蛋壳瓷，又称薄胎瓷、脱胎瓷，创烧于明代永乐年间，成化时有较高成就，因制作难度大，存世量稀少。

这三只小杯，两只杯底署"大明成化年制"双圈六字青花款，另一只不带款，原本为清宫多宝格里的摆件，系皇帝心爱之物，现为台北故宫博物院珍藏之一。

台北发现成化"天"字杯

1973年，台湾早期收藏大家李成发拜访了庄严。李成发是庄严志同道合的老朋友，精于鉴赏。他从锦盒里，小心翼翼取出两只蛋壳杯，这是国民党元老、收藏大家于右任赠送的。这两只小杯，与台北故宫博物院珍藏的三只成化蛋壳杯惊人的一致，而小杯底部，暗刻了一个"天"字。庄严拿着放大镜仔细研究，一边看一边赞叹道："这是天字款啊！"李成发的造访，给庄严带来惊喜。原以为台北故宫博物院的成化蛋壳杯是世上仅存，想不到民间出现两件，而且带"天"字款。

古陶瓷鉴定家故宫博物院研究员耿宝昌观察了这两只白釉龙纹天字杯的瓷釉、瓷胎和纹饰后，予以了肯定。他说："这釉水跟油一样的，成化东西就是跟油一样。""我觉得这两件东西是不错的，是真的。这釉的质感，还有这种白的垂釉，是到位的。不管器型、胎质、釉色，都是明代的。"

御用瓷以"天"字为款识，前无古人，后无来者！那么，成化为何要以"天"字为瓷器款识？通过这个"天"字，成化皇帝想暗示和传达什么？

朱见深童年

成化时期出现"天"字款，其实，是有其深刻历史原因的。台湾学者庄灵（庄严之子）和蒋建新认为，当与成化皇帝童年的境遇有关：朱见深两岁时被立为皇太子，不久，父亲明英宗于土木堡之变中不幸被俘，皇权落到了叔叔朱祁钰手里。明代宗登基后改立自己的儿子为太子，将侄子朱见深赶出皇宫，这一年，朱见深只有五岁。又过了五年，父亲明英宗夺回皇位，十岁的朱见深再次成为皇太子。七年后，朱见深登上皇位。也许正是因为这些坎坷的经历，年轻的成化皇帝初登皇位时非常不自信。于是，他下旨做了一批以天字作为底款的精巧瓷器，分赐给臣下，以此提醒大臣们，皇权受命于天，自己是真命天子。

追本溯源，可以发现，台湾学者的见解，符合历史客观。

除了成化皇帝性格原因外，笔者以为，成化以"天"字为款，还当同他父亲"天顺"的年号有关。明英宗九岁登基，年号正统。正统十四年（1449），廿三岁的明英宗御驾亲征瓦剌时被俘房，北京城里的大臣们拥藏明英宗的弟弟朱祁钰登上了皇位，年号为景泰。一年后，瓦剌将明英宗释放了。但是，回到皇宫后，朱祁镇被弟弟景泰帝"软禁于南宫，一锁就是七年"。景泰八年（1457），石亨、徐有贞等人乘景泰帝病危，发动了夺门之变，拥护明英宗复位称帝。明英宗第二次登基，改帝号为天顺。为什么叫天顺？因为夺权毕竟不够有理，所以为名正言顺，遂以天顺为年号。意思是顺天旨意，自己才是真天子。不难想象，成化的"天"字款，灵感也当能源自于此。

明成化早期官窑，喜以永宣之物作蓝本。主要包括两个方面，一是模仿器形、署款及纹饰，一是模仿永宣颜色釉中的单色釉瓷。前者，于杯的内底上署篆书青花"永乐年制"四字；后者，于唇口边锥刻篆书"天"字。压手杯的"永乐年制"四字不惟"细若粒米"，竟然还有躲在花心内、埋在狮球中的，显示出帝王纯粹是为了饮酒、品茗与个人赏玩。而成化则把单个"天"字，高高地悬刻在杯的边口处，可知"天"字是显眼的，可能是给大臣看的。这器形和署款上的暗合，为成化瓷的确认，提供了理论依据。

再则，天字杯虽属罕见，1973年于台湾发现了两件。更重要的是，天字款的出现，就成化皇帝个人而言，有其合理性和必然性。

从已面世的成化天字罐和成化天字杯来看，笔者认为，应该先有杯，后有罐；应该先有暗刻篆书"天"字款，后有青花楷书"天"字款。这不仅合乎从无到有的逻辑，更合乎成化皇帝的心理。成化"天"字款，意在警示朝野：皇帝受命于天，是真命天子。

显而易见，成化的"天"字款，有别于通常概念之官窑款！由于明宪宗朱见深独特的身世，造就了天字款。也因此，成化"天"字款瓷器，在中国陶瓷史上留有着独特的地位。

李成发藏明成化白釉印龙纹天字款蛋壳杯，发表于《中国文物报》二〇二〇年五月二十六日第六版

【002】 辽：三彩花卉纹执壶

尺寸：高 23cm 宽 17cm

说明：辽三彩是一种低温釉彩，受唐三彩影响，多用黄、绿、白三色釉，器形多样，如此件即为典型辽三彩器物，直口，长颈，圆腹，圈足，颈中部与腹中部连接一弓形柄，短流。辽三彩的造型、釉质、釉色及纹饰独具特色，是辽代契丹民族生活习惯和审美情趣的具体反映，富有鲜明的民族风格与时代特征，辽代陶瓷继承了隋唐制瓷传统，形成了辽代独树一帜的民族风格，是继唐三彩之后的又一个高峰，此壶保存较为完整，乃辽三彩珍品。

【003】 宋：介休窑花口瓶

尺寸：高 33.6cm 腹径 15.3cm

说明：介休窑亦称"洪山窑"，烧瓷历史达千年之久，为北方瓷窑所少见，在宋代，除了主要烧造的白瓷外，尚有黑釉和白釉、釉下褐彩瓷、黑瓷、白釉黑花及黄褐釉印花瓷等，装饰技法有印花、划花、剔花，釉下彩绘和镂雕。本品器形硕美，花口，长颈，鼓腹，收腰，圈足，腹部条纹均匀凸出，线条流畅自然，肩部饱满，非常立体，整器施酱釉，酱釉介休窑非常稀少，介休窑崇尚自然，率真朴实，豪放粗犷，潇洒典雅，在中国古代瓷艺中创造了独树一帜的艺术风格。

【004】　唐：三彩盘口瓶

尺寸：高 34.5cm　腹径 18.5cm

说明：此瓶圆唇，较深的盘形口，细颈，圆腹，腹部堆塑花纹，深足，整器造型精巧，胎质坚硬，胎色灰白，器身用点彩法施三彩釉色，利用色彩自然流动，形成斑斓变化效果，完整精美，异常珍贵。唐三彩是唐文明的瑰宝，它不仅保持了秦汉以来传统彩塑写实的同时，还创造性地运用了低温铅釉绚丽斑斓的色彩，成为唐代艺术的杰出代表，同时，唐三彩也为陶瓷工艺做出了重大贡献，宋以后各种各样的低温色釉和釉上彩瓷，大部分都是在唐三彩陶工艺基础上发展起来的，透过这件三彩盘口瓶，我们可欣赏到千年前的艺术风情，亦可一窥祖先们的社会风景，其艺术价值与历史价值当不言而喻。

【005】唐：三彩花形盘

尺寸：高 2.5cm 口径 25.5cm

说明："唐三彩"是唐代一种低温釉陶器，釉彩有黄、绿、白、褐、蓝、黑等色，而以黄、绿、白三色为主，所以人们习惯称之为"唐三彩"。"唐三彩"的诞生已有 1300 多年的历史，它吸取了中国国画、雕塑等美术工艺品的特点，采用堆贴、刻画等形式的装饰图案，线条粗犷有力，是中国古代陶瓷艺术宝库中一朵绚丽夺目的瑰宝。此件唐代三彩盘，整体捏塑成九瓣花叶状，盘平底有支钉痕，属于典型中唐时期风格。

【006】 宋：白覆轮油滴盏

尺寸：总高 9cm 杯高 5cm 杯口径 8.5cm 盏托口径 13cm

说明：白覆轮是日本对中国宋代口沿施白釉呈现一条白边的一类天目瓷器的称谓。在宋代的淄博窑，山西窑，河南窑，吉州窑都有烧造，常见的白覆轮天目瓷，是宋代磁州窑系所产黑釉白口茶碗，最具典型的是日本东京国立博物馆所藏的黑釉油滴白覆轮，列属重要文化财产。本盏直口，深腹、圈足，外壁釉至近足处，底足露胎，口沿施白釉，通体施黑釉，釉面布满大小不一银色油滴纹，散发着淡淡的清幽意韵，研茶沏水时，宛如一颗颗小水珠呈现于盏中，晶莹剔透，波光粼粼，器分上下两部分，下为圆托，高圈足，足底露胎，托口外沿亦是白釉，内沿及全身釉面施黑釉，呈现银色油滴点，捧此精美油滴盏品茶交心，堪称绝妙无比之雅事。

【007】 宋：白覆轮斗笠盏

尺寸：高 5cm　口径 13.5cm

说明：北宋斗茶兴盛，茶具制造业也勃然而发，茶盏一般都是黑色，以便和点茶斗茶时茶碗里白色的泡沫比对，表现黑与白的艺术效果，外黑里白，对比强烈，白覆轮这个名字应该是日本人首先提出的，很形象，所谓白覆轮，就是在黑色茶盏的边缘上施白色的釉，也是对比艺术的一种。本品作斗笠状，敞口，斜壁，小圈足，形制优雅，内外口沿处一圈白胎，内外腹部满施黑釉，外足处露酱胎，整器造型精良，制作细腻，堪称艺术佳品。

【008】 宋：怀仁窑油滴盏

尺寸：高 5cm 口径 13.5cm

说明：盏釉面密布着银灰色金属光泽的小圆点儿，大小不一，形似油滴，故名油滴盏，"油滴"的形成是铁氧化物在釉面富集，冷却后析出晶体所致，在黑色釉面上呈银白色晶斑者称"银油滴"。宋代随着点茶、斗茶的流行，特别重视黑釉系茶盏，影响所及，南北名窑皆见烧制，山西怀仁窑的油滴盏，其胎土、釉色、形制上在北方诸窑中实属上乘，此盏敞口，弧壁，圈足，盏内外施黑釉，黑釉上点撒油滴状铁锈斑纹，不规则的分布在盏中，远观之犹如浩瀚星际，繁星熠熠，近观之如雪花片片，有踏雪寻梅之意境，盏外施釉至圈足处，圈足露胎，当为茶道用器，古雅之至。

【009】　宋：怀仁窑油滴斗笠盏

尺寸：高 5.5cm　口径 13.8cm

说明：此盏圆形敞口，斜壁，浅圈足，成斗笠形，内外施黑釉，釉面浮悬油滴纹，底部护胎釉呈酱褐色，厚釉至近足处，釉面光亮如镜，温润如玉，为山西怀仁窑所烧器物，怀仁窑宋金时期开始烧制，以黑瓷为主，所烧器物釉面乌黑晶莹，器形古朴豪放，胎质坚实而釉质极精，为宋金时期北方著名窑口，怀仁窑所烧器物种类繁多，最著名的当属"油滴"。自古山西以煤矿储量丰富而闻名，故怀仁窑古时烧瓷用煤炭作为燃料，煤炭燃点高，温度稳定，因而盏的油滴在形成中相对聚集，发育饱满，大小不一，间距排列有序，釉斑光亮，堪与南方建窑黑釉相媲美。

【010】　宋：绞胎双耳瓶

尺寸：高 25cm　腹径 15cm

说明：此瓶直口、斜垂腹、圈足，颈部饰双耳，造型秀美，制作工整，绞胎斑纹与胎体颜色浑然一体。绞理细腻又有变化，看似一副天然的泼彩山水画，浑然天成，是一件罕见的绞胎佳器。北宋时，绞胎瓷在焦作当阳峪实现了大规模生产，其他地方也少量生产这种瓷器，所谓绞胎，是将雨种或两种以上不同颜色的瓷士揉合在一起，然后相绞拉坯，制作成形，浇一层透明釉，烧制而成，由于泥坯绞揉方式不同，纹理变化亦无穷，能表现出木纹、鸟羽纹、云纹、流水纹等，有的如老树缠绕盘根错节，有的如层山叠嶂连绵起伏，构思奇巧，变化万千，形成独特风格的佳品。

【011】 宋：官窑八棱长颈瓶

尺寸：高 26.5cm 腹径 18cm

说明：瓶八方，盘口，长颈往下渐宽，间饰弦纹成双，下接垂肩，棱角分明，硕腹丰盈，器形端庄，刚中见柔，底承八方圈足，胎呈黑褐铁色，通体罩施青釉，微偏粉蓝，缓缓迭施釉层，若水映晴空之色，澄澈莹润，隐透丹霞，不失温煦，片纹自然泛金，浓淡不一，釉质丰厚，口沿釉稍流敞，色呈绛紫，圈足釉略蓄聚，始达柔光婉约、凝脂温润，胎骨棱角，裹之厚釉，锐角敛藏，柔里蕴刚，遥想当时烧成出窑以后，冷却工夫掌握得宜，继而润其色，方得如此金丝开片，疏朗自然，仿佛琼玉整块琢成。

【012】 宋：官窑菊瓣纹碗

尺寸：高 6cm 肩径 15cm

说明：碗口沿至底足呈菊瓣形，浅弧腹，圈足，通身施青蓝釉，青中泛蓝，失透而乳浊，该碗的造型较为少见，富于变化而灵动，突显出宋朝的帝王气息，曲折变化而富有张力的线条使之具有一种较强的艺术震撼力，既称官窑，是皇家御用窑场，南宋时成品已少，加之不得流入民间，残次品深埋，宋室倾覆后，南宋官窑便随之风华散尽，一器难求，连乾隆皇帝都叹其"贵似晨星"。本碗器形规范，尺寸不大，当为实用器，南宋官窑中，能完整传世，实属稀世珍品。

【013】 宋：官窑琮式瓶

尺寸：高 19cm 宽 15.5cm

说明：琮，音"从"。方柱形，内有圆孔的玉器，是新石器时期的礼器，也称为玉琮，其器内圆而外方，以天圆地方之说。《周礼》记载："以玉作六器，以礼天地四方，以苍璧礼天，以黄琮礼地，以青圭礼东方，以赤璋礼南方，以白琥礼西方，以玄璜礼北方。"瓷质琮式瓶沿袭了玉琮的基本形制，只是玉器之内圆，上下通透，而瓷制则加了圈足和底，演化为一种瓶。琮式瓶出现于南宋，宋代盛行仿古之风，这种瓶式系仿照新石器时代良渚文化的玉琮外形加以变化而成，南宋官窑、龙泉窑均有这种器形，而明代石湾窑多产此类瓶，清代景德镇也有烧造，但仍以宋代制品为最佳，且最为难得一见。此瓶宋代官窑釉色，圆口，方身，直腹，圈足，器身四面以凸起的横竖线纹为装饰，口与足大小相若，开片浑然天成，纹路仟陌分明，乾坤有致，造型大气磅礴，棱节各安其位，弥足珍贵，值得珍藏。

【014】 宋：官窑贯耳瓶

尺寸：高19cm 宽13cm

说明：此瓶造型古朴，庄重大方，工艺精细，通体内外施釉，色泛青灰，呈现出乳浊的失透质感，隐隐露出釉层下灰黑胎体之色，釉层柔亮，匀净细润，肩附贯耳，形制优美，这是北宋官窑瓷器的典型特征，北宋官窑瓷器传世很少，十分珍稀名贵。宋代官窑瓷器不仅重视质地，更追求瓷器的釉色之美，其厚釉的素瓷很少施加纹饰，主要以釉色为装饰，常见天青、粉青、米黄、油灰等多种色泽，釉层普遍肥厚，釉面多有开片，这种开片与同期的哥窑有很大不同，一般来说，官窑釉厚者开大块冰裂纹，釉较薄者开小片，哥窑则是极小的碎片纹，也称为"鱼子纹"片，此贯耳瓶釉色自然，美感十足，保存完整，实属难得。

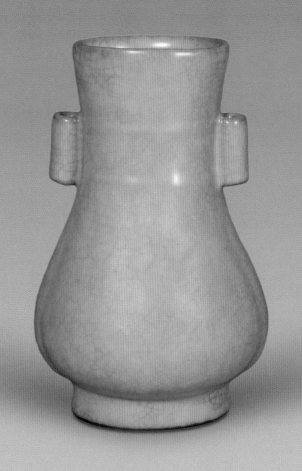

【015】　宋：官窑四方洗

尺寸：高 8.5cm　宽 13.5cm

说明：此洗平口，折腰，四足，整体呈四方口形制，器形端庄，刚中见柔，胎呈黑褐铁色，通体罩施青釉，若水映晴空之色，澄澈莹润，隐透丹霞，器身密布开片，四足露出釉层下灰黑胎体之色，若翠色浸入胎骨，心旷神怡，口沿由于釉水流淌，釉层较薄，略呈紫色，为宋代官窑器之"紫口"现象，其垂釉十分自然，清谷应泰论及官窑，记述"官窑……其土紫，故足色若铁。"（《博物要览》卷二《窑器条》），亦与本器相吻合。此洗缓缓叠施釉层，柔光婉约，胎骨坚实棱角，裹之厚釉，锐角敛藏，柔里蕴刚，遥想当时烧成出窑以后，冷却工夫掌握得宜，继而润其色，方得如此金丝开片，疏朗自然，仿佛琼玉整块琢成，令人不禁赞叹，可增天人造物的感慨。

【016】 宋：官窑琮式瓶

尺寸：高 12cm 宽 8.2cm

说明：此瓶器身为玉琮式，方形圆口，直腹，圈足，造型端庄，施青色釉，釉水厚润，闪烁油光，釉面开大小不同的纹片，以黑色为主，间有金色，同时伴有冰裂纹生成，于细腻平滑中透露着稳重典雅之气，由于此器采用垫烧法烧成，故底足一圈露胎无釉，由此可见其胎为黑褐色。琮式瓶出现于南宋，宋代盛行仿古之风，这种瓶式系仿照新石器时代良渚文化的玉琮外形加以变化而成，南宋官窑、龙泉窑均有这种器形，而明代也有烧造，但仍以宋代制品为最佳，且最为难得，而宋官窑之作品就更属稀少，难得一见。

【017】 宋：官窑四方洗

尺寸：高 7.5cm　宽 11cm

说明：此洗作四方形，底足支钉垫烧，通体施釉滋润，色泛青灰，呈现出乳浊的失透质感，隐隐露出釉层下灰黑胎体之色，翠色浸入胎骨，口沿由于釉水流淌，釉层较薄，略呈紫色，正是宋代官窑器之"紫口"现象，其轻微的垂釉现象亦十分自然，底部满釉，钉痕细小，造型端庄古朴，周身纹片致密，所施釉色厚润犹如凝脂，宝光内蕴，实为难得之宋官窑经典传世品。

【018】 宋：官窑三足炉

尺寸：高 9.5cm 口径 11cm

说明：此香炉瓜棱形，美观大方，造型古朴，内外施满釉，釉层均匀较厚，釉水滋润，犹如凝脂，仅三足端无釉，开片错落有致，沁色自然，精光内蕴，胎体结实，器形饱满，线条流畅，口部棱形折沿，三足距离均等。官窑也称御窑，在南宋时期，有官厂专门烧造御器，也就是进贡的瓷器，简称贡器，官窑瓷器主要以素面为主，无华美的雕饰，又无艳彩涂绘，较多使用凹凸直棱或弦纹为饰，但却不影响其趣味高雅，清新脱俗，简洁端庄，体现了当时匠人的神技巧思，享负盛名，可谓上品重器。

【019】 宋：官窑桃形水滴

尺寸：高11cm 腹径10cm

说明 此官窑水滴小口微敛，溜肩，圆球形腹，下承三乳足，通体施青釉，色泽淡雅柔和，质感温润如玉，釉面开片不规则，足底露胎，呈火灰褐色，水滴即砚滴，是滴水以添砚池的文房小品，渊源于水盂。宋人赵希鹄《洞天清录》载"水滴辨"二条，其一道："古人无水滴，晨起则磨墨，汁盈砚池，以供一日用，墨尽复磨，故有水盂。"用水盂往砚里添水时，容易水流过量，故有水滴的发明，较之水盂，水滴容量要小得多，民国许之衡《饮流斋说瓷》第九"说杂具"云："凡作物形而贮水不多者则名曰滴，不名曰盂"正此之谓也，宋以前虽有水滴，但并不普遍，至宋时，文化艺术空前繁荣，各式文房用具亦受到文人青睐，盛行一时，除了实用功能，更成为文人书房陈设，或把玩之物，水滴即是其中之一。

【020】 宋：官窑葵口洗

尺寸：高 5cm 口径 17cm

说明：宋代官窑器，代表着陶瓷艺术的最高成就，属于宋代五大名窑之一，由官府直接营建，有北宋官窑、南宋官窑之分。官窑器虽然在宋代瓷器中只占极少数，但是由于其所处地位和具备的优越条件，高超的烧造技艺和不朽的艺术价值，为宫廷烧造了一批所需的高档瓷器，成为珍贵的文化遗产。此件青釉官窑葵口洗便属于南宋官窑，花口，露支钉胎呈铁足，通体施釉，青色釉极其雅致，釉质肥厚滋润，手感似玉，通体开片，造型秀美，端庄大方，有压手感，让人爱不释手，属罕见精品，历经沧桑，岁月之斑驳，保存完好，实属难得。

【021】 宋：官窑水滴

尺寸：高 8.5cm 腹径 11cm

说明：此水滴造型小巧圆润，别具一格，属于传世所见官窑门类中少见之器，壁内外及底部满青釉，所施釉色厚润犹如凝脂，宝光内蕴，静穆古雅，周身纹片纵横，飘逸流畅，大小纹片相间，深浅交织，圈足露胎，呈铁褐色，予人益见古拙之气，乃文房门类中不可多得的器物。宋官窑极少以人工纹饰作为装饰，但釉面开片极富韵味，开片本是烧窑冷却过程中釉面开裂的一种缺陷，但宋代工匠掌握了开片的制作工艺，利用开片作抽象纹饰装饰，形成了一种独具韵味的美感。

【022】 宋：官窑琮式瓶

尺寸：高 14.3cm 宽 13cm

说明："官窑"名列宋代五大名窑之一，在陶瓷史上有举足轻重的地位，官窑底胎多为紫黑色、铁黑色、也有黄褐色，釉为失透的乳浊釉，釉面泛一层酥光，釉色灰青，奶白多见，釉面大小纹片结合，此瓶器形周正，胎体厚重，圆口，身方，下承圈足，包浆浑厚，开片自然，瓶身泛着酥油般的光泽，釉层厚，器物品相完整，做工精湛，具有较高的收藏价值。琮式瓶始见于宋，一般认为出现于南宋，但是现已发现，自北宋以来就有琮式瓶的烧制，宋代盛行仿古之风，这种瓶式系仿照新石器时代良渚文化的玉琮外形加以变化而成。

【023】 宋：官窑花觚

尺寸：高21cm 口径13cm

说明：北宋官窑也称旧官，南宋为新官，相传北宋大观、政和年间，在汴京附近设立窑场，专烧宫廷用瓷器，即北宋官窑。南宋顾文荐《负暄杂录》记载："宋宣政间（宣和、政和即公元1111至1125年）京师自置窑烧造，名曰'官窑'。"南宋叶寘在其《垣斋笔衡》中对北宋官窑亦有记载："政和京师自置窑烧造，名曰'官窑'。"此件花觚形仿自商周青铜兽面纹觚，是典型的陈设器，撇口、细颈、鼓腹、束腰，全器施天青釉，釉色温润均匀，其下有凹凸纹样，挂釉不均，施釉开冰裂纹，形成了天然独有特色的纹饰。历代帝王且均将官窑瓷器视为珍宝，其中精者选进宫，次者掩埋等处理，不许流入民间，不作明器陪葬，世代相传，足见其珍贵程度，故流传下来且保存完好的官窑瓷器如此件官窑花觚就更为珍稀难得，具有极高的收藏价值。

【024】 宋：官窑斗笠盏

尺寸：高 6.5cm 口径 17cm

说明：此盏为宋代器物，造型古朴，别致大方，为斗笠形，圈足，通体施天青釉，紫口铁足，釉面丰厚肥润，呈大小开片，开片自然，工艺精湛，质朴淳厚，为宋官窑之精作。古代美学到宋代达到最高，要求绝对单纯，就是圆、方、素色、质感的单纯，宋瓷优美高雅，清丽潇洒而不失挺秀，于静谧中散发出不施粉黛、洗去铅华之自然之美，正如宋人所体现出的优雅秀美的艺术风格一样，追求轻松灵动的美感。南宋官窑青瓷在艺术风格上以釉色取胜，以造型见长，以自然纹片著称，有着庄重、典雅、神秘而自然之美。

【025】 宋：官窑花口盘

尺寸：高 4.5cm 口径 21cm

说明：官窑，宋五大名窑之佼佼者，其温厚含蓄的釉色，古拙质朴的造型，清幽淡雅的意境为历代藏家所推崇，更被皇家视为珍藏，在清中期宋官窑已是不可多得的世珍之稀，等级极高，帝王亦欲求之而难得。此盘呈花瓣口，弧壁渐收，平底，整器施釉，釉色温润柔和，器内外满布细碎开片，开片大小不一，本品造型别致典雅，荡漾着隽美秀润之气，体现了古人简洁内敛的极致审美。南宋官窑为宫廷所设立的御窑，所烧瓷器专供皇家御用，工艺讲究，存世稀少，流传有序，绝大部分收藏于故宫博物院、台北故宫博物院，以及欧美博物馆中，故极为珍贵。

【026】 宋：官窑葫芦瓶

尺寸：高 24cm 腹径 13cm

说明：此器造型精巧，瓶身由两截粘合成为上小下大的束腰式葫芦，造型新颖别致，葫芦瓶直口、平底、圈足，瓶身通体施米黄釉，釉质温润如玉，釉面自然冰片纹疏朗有致，寥寥数道即贯通全器，黑褐色底胎，其胎质坚密，分外古雅，口部紫褐色，俗称"紫口铁足"，予人耳目一新，此官窑为宋代之精品，其造型古朴，以米黄釉为主，开有变幻莫测的纹片，以自然天成的开片釉装饰瓷器，有凝重质朴的美感。

【027】 明：官窑僧帽壶

尺寸：高 18cm 宽 18cm

说明：此僧帽壶阔颈、鼓腹、瘦底、圈足，一侧弯流前伸似鸭嘴状，另一侧有宽带形曲柄，以台阶状曲线构成宽边僧帽式口沿，整体造型轻盈秀美，通体及足内均施釉，釉面滋润，色泛黄灰，呈现出乳浊的失透质感，隐隐露出釉层下灰黑胎体之色，口沿由于釉水流淌，釉层较薄，略呈紫色，其轻微的垂釉亦十分自然，底部满釉，惟足缘无釉，亦可见坚质之褐色胎骨，远观之整器形似僧帽，故名"僧帽壶"。

【028】 宋：官窑八棱洗

尺寸：高 5cm 口径 20cm

说明：此洗为八角棱形，敞口，浅腹，侧看弯弧雍雅，棱角含蓄，器身随沿起伏，柔美绵延，简约雅绝，通体内外施釉米白微黄，呈现出乳浊的失透质感，釉汁肥厚匀润，色泽温润澄澈，釉表开大小纹片，开片带灰，自然相缀，浑然天成，口沿釉水流淌，釉层较薄，略呈紫褐色，隐隐露出釉层下灰黑胎体之色，正是宋窑器"紫口"的特征，底面亦上釉，轻微垂釉，十分自然，釉内多有气泡，如珠隐现。现存可见之官窑，釉色变化有深浅的米黄、淡灰、青绿等，釉面平素无纹，也见致密或疏朗开片纹，或满布透明冰裂纹，相互辉映，效仿不绝至今，然未能复造。南宋官窑，续北宋官汝而生，汝官二瓷，素丽隽永，釉色莹润，冰裂细布，秀逸绝世，艺术地位至高，深得历代倾慕。

【029】 宋：官窑六棱洗

尺寸：高 7.5cm　肩径 17.5cm

说明：此洗胎体紧实，釉质细滑，为六边形矮柱状，六壁平直，折棱处向内做倭角形成凹棱，口沿形状与柱身同形，洗腹内滑，浅平如碟，可见凸起六棱，底部同形圈足，整器形状如无盖之盒，笔洗造型考究，层次分明，口沿洗壁转折处不混浊，不浸漫，釉面光洁，整器既清雅又不失华美，唯官窑之皇家品质所不能比肩，是一件难得宋官窑瓷器。官窑，宋五大名窑之佼佼者，其温厚含蓄的釉色，古拙质朴的造型，清幽淡雅的意境为历代藏家所推崇，宋官窑是不可多得的世珍之稀，等级极高，帝王亦欲求之而难得，更被皇家视为珍藏。

【030】 宋：官窑玉壶春瓶

尺寸：高24cm　腹径15cm

说明：本品唇口外侈，长束颈，溜肩，梨形腹及底内收，下承圈足，通体施天青釉微蓝，釉色质美，映衬其器形比例之秀雅，制作规整，优雅怡人，以变化的弧线构成柔和匀称的瓶体，是宋瓷中具有时代特点的典型器物，代表了当时青瓷的最高水平，以其美丽的色泽和制作的精湛而受世人瞩目。玉壶春瓶为传统瓷器中的经典器形，由唐代的净水瓶演变而来，定型于北宋时期，基本形制为撇口、束颈、垂腹、圈足。本品最大特点在于其尺寸适中，甚为罕见，加之釉色厚润沉静，造型优美，堪称极品。

【031】 宋：官窑鬲式炉

尺寸：高19cm 腹径24cm

说明：官窑鬲式炉，口折沿，束颈，鼓肩，袋形档，实足跟，通身内外满釉，色调温润，腹至足部侧面贴有竖扉棱，冰纹开片错落有致，器形硕大，釉色莹澈，深邃幽远，浑然天成，体现出淡恬古雅的独特艺术风格，一展宋人崇尚纯净一色的审美品位。南宋官窑为宫廷所设立的御窑，所烧瓷器专供皇家御用，工艺讲究，存世稀少，流传有序，极为珍贵。南宋官窑按照设立时间的先后和置窑地点的不同分为"修内司官窑"和"郊坛下官窑"两处，据宋代文献《坦斋笔衡》的记载："中兴渡江，有邵成章提举后苑，号邵局，袭故京遗制，置窑于修内司，造青器，名内窑，澄泥为范，极其精致，釉色莹澈，为世所珍。"

【032】 宋：官窑纸槌瓶

尺寸：高 20cm 腹径 13cm

说明：本品造型端庄隽秀，器形小巧，平沿外折，直颈斜肩，直腹，圈足，通体罩施青釉，若水映晴空之色，澄澈莹润，隐透丹霞，不失温煦，釉色温润肃穆，釉质莹润肥厚，开片疏朗，古朴雅致，一展宋代官窑之风采，能流传至今，尤为可贵。南宋官窑，成于杭州，乃为供御而制，享负盛名，可谓上品重器，寥若晨星，其简洁端庄，美瓷韵致，体现了匠人神技巧思，尽显赵宋文人雅士之格调。

【033】 宋：官窑八角盘

尺寸：高 2.7cm　口径 19cm

说明：盘形八角八边，折腹，圈足，通体施釉，晶莹肥厚，圈足露胎，呈褐黑色，胎质细密，此形制盘工艺难度远高于同尺寸圆盘，制作成本亦然，从瓷器装饰方面看，宋代官窑瓷器、汝窑瓷器和哥窑瓷器等，绝大多数都无刻划、剔花、印花装饰，更无彩绘装饰，只有个别器物采用刻、印花装饰，或只是在器身凸起几道弦纹装饰，装饰上的朴素无华，显示出宋代上层社会用瓷追求细润净洁、色调单纯、趣味高雅，清淡含蓄之韵味。

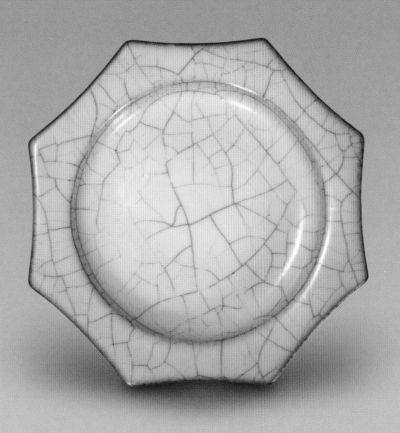

【034】 宋：官窑八棱瓶

尺寸：高 21cm 腹径 13.5cm

说明：瓶八方，八棱口，长颈往下渐宽，间饰两道弦纹，下接垂肩，棱角分明，硕腹丰盈，器形端庄，刚中见柔，底承八方足，胎呈黑褐铁色，通体罩施青釉，微偏灰，若水映晴空之色，澄澈莹润，隐透丹霞，不失温煦，片纹自然泛金，浓淡不一，釉质丰厚，口沿釉稍流敞，色呈绛紫，圈足釉略蓄聚，质若凝脂，缓缓迭施釉层，锐角敛藏，柔里蕴刚，摆设在长案上，或放置于书房之中，顿时提升了高雅之美感，是一件不可多得的贵气之物。

【035】 宋：官窑贯耳瓶

尺寸：高 17.5cm 腹径 10cm

说明：此瓶体呈扁方形，直颈溜肩，配双贯耳，腹下微鼓，下收为足，瓶外壁通体及足内均施釉，釉色淡雅隽永，铁线开片浑然天成，圈足平实，呈铁褐色，为宋代官窑典型作品，极其精致，为世所珍。官窑器物专供宫廷，以宫廷生活用瓷、陈设瓷为主，流传至今的官窑瓷器有碗、盘、碟、盏托、洗、瓶、炉、尊等，样式多种，以瓶为例，有弦纹瓶、直颈瓶、瓜棱瓶、贯耳瓶、胆式瓶、八方瓶、盘口瓶等，造型各有特点，官窑传世品今多收藏于故宫博物院、台北故宫博物院，有的精美作品，已于早年流失国外。

【036】 宋：官窑长颈瓶

尺寸：高 22cm　腹径 14cm

说明：此瓶敞口，长颈，溜肩，扁垂腹，圈足，通身施青釉，圈足处露胎呈铁色，造型柔美简洁，如冰似玉，淡雅柔和，遍布冰裂纹开片，铁足特征明显，是南宋官窑精品之作。南宋官窑，成于杭州，乃为供御而制，寥若晨星，其简洁端庄，古朴而简素，优雅而含蓄，享负盛名，可谓上品重器。

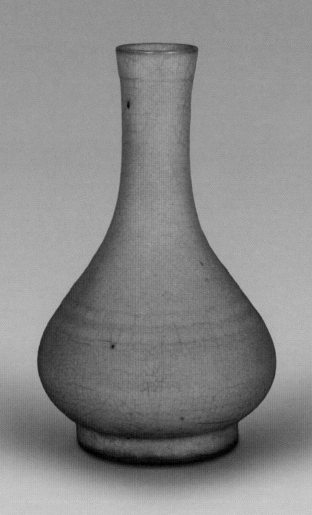

【037】 宋：官窑五棱洗

尺寸：高 9cm 口径 19.5cm

说明：洗撇口折沿、斜壁、呈五棱角形，棱角分明，五足露胎，胎骨呈灰褐色，细腻坚致，釉色青灰，釉面油润，全器均匀开片，开片纹线呈铁锈色，构思巧妙，形象逼真，于实用性与观赏性为一体，属宫廷文房之用。笔洗用来盛水洗笔，是文房四宝笔、墨、纸、砚之外的一种文房用具，以形制奇巧、种类繁多、雅致精美而广受青睐，传世的笔洗中，有很多是艺术珍品，其不但造型丰富多彩，情趣盎然，且工艺精湛，惟妙惟肖，作为文案小品，不但实用，更可以怡情养性，陶冶情操，整器呈色稳定，光润莹泽，浑厚古拙之中见巧丽，方正伟岸之中见俊秀。

【038】 宋：官窑琮式瓶

尺寸：高 20cm 宽 14cm

说明：器身为玉琮式，瓶口与底相若，外壁自下而上分为五节，方形，直腹，圈足，造型端庄，施天青色釉，釉质厚润，釉面大小不同的开片纹，以黑色为主，间有金色，于细腻平滑中透露着稳重典雅之气，由于此器采用垫烧法烧成，故底足一圈露胎无釉，由此可见其胎为深褐色。琮式瓶始于南宋，宋代盛行仿古之风，这种瓶式系仿照新石器时代良渚文化的玉琮外形加以变化而成，南宋官窑、龙泉窑均有这种器形，清代景德镇也有烧造，但仍以宋代制品为最佳，且最为难得，而宋官窑之作品就更是稀少，难得一见。南宋官窑瓷的造型、品种包括很广，以陈设用瓷为主，有文房用具，也有日用器皿及装饰瓷，造型严谨肃穆，古风朴朴，又配以"紫口铁足"更显得风韵别致、古色古香。南宋官窑青瓷，主要表现的不在于它的装饰，而在于它本身庄重的、典雅的、神秘的自然之美，在艺术风格上以釉色取胜，以造型见长，以纹片著称，这些器物反映出东方民族淳厚朴实，崇高古雅的独特艺术风格。

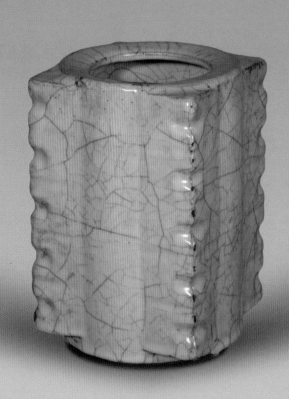

【039】 宋：官窑贯耳瓶

尺寸：高 21cm　腹径 14cm

说明：此贯耳瓶造型古朴，规整大器，双贯耳，颈部饰两道弦纹，胎体厚重，坚实，底部呈铁紫褐色，是官窑中典型的品类，釉面光亮，釉层温润，胎釉结合紧密，瓷器素面朝天，既无华美的雕饰，又无艳彩涂绘，纯粹以素雅、深邃的釉面及朴茂、端庄的器形引人入胜，紫口铁足的特点均在此瓶上得以体现，古韵含蓄宛转之美不言自明，珍贵难得，其特征与明高濂在《遵生八笺》中"色取粉青为上，纹取冰裂鳝血为上"的记述相符合。此器以釉色取胜，以造型见长，以纹片著称，体现出淡恬古雅的独特艺术风格，一展宋人崇尚纯净一色的审美品位，为异常难得的隽品。

【040】 宋：官窑花口瓶

尺寸：高 17.5cm 腹径 11cm

说明：此瓶造型优雅规整，通体起十棱，口及足呈外撇花瓣式，仿生设计，似一棵大白菜，故名"白菜瓶"，此器紫口铁足，开片沁色自然，品相较为完美。南宋官窑，窑址位于今中国浙江省杭州，沿北宋旧制而设，专烧宫廷用器，例如官窑开片釉器，乃瓷匠巧创供御，历代传颂，堪称中国瓷器遗珍之精粹。本瓶釉面肥厚温润，器形精巧素朴，韵致清秀悦目，自官窑烧成以来，传世品稀如麟角，而且形制每每不一，各具雅韵，南宋时人已不吝撰文褒扬其美。

【041】 宋：官窑海棠洗

尺寸：高 8cm　最短口径 12.5cm　最长口径 15.5cm

说明：洗呈海棠式，敞口，浅弧腹下收，底部随形足，造型典雅秀巧，隽美大方，线条流畅柔和，制器严谨考究，整器施青釉，釉面光润醇厚，莹泽匀净，釉汁肥腴细腻，釉色纯正稳定，整器造型规整，器形饱满，线条拿捏凹凸有致，小巧玲珑，典雅古朴，保存良好，采四瓣花口，雅隽倩秀，恰似垂丝海棠悄然盛开，故以"海棠"命名，海棠葳蕤，淡青中透粉，与"棠"同音，"堂"指家室，故海棠被赋予"富贵满堂"之吉祥寓意而多应用于器，本品淋漓尽致地展现了皇室用品素雅贵气之风范。

【042】 宋：官窑海棠洗

尺寸：高 4.5cm　最短口径 11.5cm　最长口径 15.5cm

说明：修内司官窑，也称南宋官窑，烧造时间非常短，在已发掘的杭州乌龟山郊坛官窑窑址中发现很多瓷片与窑具，胎质轻薄呈黑灰或灰褐色，釉层较厚、釉色有粉青、蜜蜡黄等色，器形常有盘、碗、碟等，还有仿古器皿是受北宋徽宗提倡仿古复古的影响，作为宫廷陈设用品，郊坛官窑遗址出土遗物较为丰富，其特征与历代文献记述相符合。南宋官窑瓷的釉色，主要是粉青色、依色谱的颜色分，是极浅的蓝绿色，但也有以灰绿色、黄绿色色调为主，具有良好的乳浊性和丰厚的釉层，在质感上追求璞玉的效果，而修内司官窑的存世量更是凤毛麟角。此件海棠洗釉色达到官窑器的极致，紫口铁足的工艺更是南宋官窑典型特征，虽然经过岁月的磨砺，但其釉面依然保持强烈的玉质感，如玉如翠，是一件极具素雅端庄，造型别致的宫廷文房珍品。

【043】宋：官窑八棱洗

尺寸：高 5cm 口径 18.5cm

说明：此洗为八棱式，敞口，浅腹，圈足，侧看弯弧雍雅，棱角含蓄，器身随沿起伏，柔美绵延，简约雅绝，通体内外灰白釉，釉色匀润，釉汁肥厚，色泽温润澄澈，自然相缀，浑然天成，口沿釉水流淌，釉层较薄，略呈紫褐色，底部一圈铁足，为南宋典型官窑器紫口铁足特征，非常有艺术价值。南宋官窑瓷的造型、品种广泛，有陈设用瓷，文房用具，也有日用器皿及装饰瓷，器形多仿自周、汉古制品，造型严谨肃穆，古风朴朴，又配以"紫口铁足"更显得风韵别致、古色古香。南宋官窑青瓷，主要表现的不在于它的装饰，而在它本身庄重的、典雅的、神秘的自然美感，在艺术风格上以釉色取胜，以造型见长，以纹片著称，这些制品反映出东方民族淳厚朴实，崇高古雅的独特艺术风格。

【044】 宋：官窑簋式炉

尺寸：高 10cm 宽 23.5cm

说明：此炉仿青铜簋式，薄唇，撇口，束颈，中腹外鼓，下腹渐收，夔龙形双耳，圈足露胎微外撇，露胎处显褐色，俗称铁胎，通体罩天青色釉，色泽淡雅，精光内敛，釉面自然开大小纹片，釉厚肥腻，发色润泽，如冰似玉，呈现一派"清水出芙蓉，天然去雕饰"的质朴境界，含蓄而兼具挺拔遒劲之美，妙不可言。宋人好古，故诸多瓷器均仿上古彝器，本器之器形便以商周青铜簋为原型所制，明初曹昭《格古要论》言："官窑器宋修内司烧者土脉细润，色青带粉红，浓淡不一，色好者与汝窑相类，有黑土者谓之乌泥窑，伪者皆龙泉所烧者，无纹路。"南宋官窑青瓷，主要表现的不是在它的装饰，而在它本身如玉泉般的、庄重的、典雅的、神秘的自然美。

【045】 宋：官窑贯耳瓶

尺寸：高 25.5cm 腹径 13.5cm

说明：瓶口沿两侧相对贴两圆形贯耳，耳中空，口耳不相连，加重了口部力度感，与腹部形成上下对称，构成视觉上的均衡，胎质轻薄，釉层肥厚，酥光宝晕，有如璞玉质感，裂纹开片如网似络，疏密适度，口沿釉薄呈紫口，圈足露胎呈铁足，装饰采用不饰之美，纹路富有层次感，冰裂纹突出，纤秀疏朗，袅若游丝，沉静蕴藉，让人赏心悦目。南宋官窑，续北宋官汝而生，汝官二瓷，素丽隽永，釉色莹润，冰裂细布，秀逸绝世，艺术地位至高，深得历代倾慕，效仿不绝至今，然未能复造，现存可见丰富多样之官窑，釉色变化范围甚广，各种深浅的米黄、淡灰、青绿皆有，釉面或者平素无纹，也见致密或疏朗开片纹，或甚满布透明冰裂纹，相互辉映。

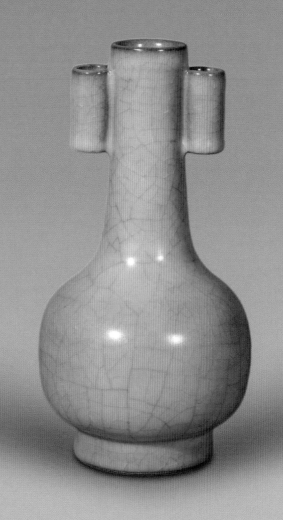

【046】 宋：官窑虎形脉枕

尺寸：高 7cm 宽 9cm 长 11cm

说明：此脉枕为虎形，虎爪前伸，虎背为枕面，整体施满釉，釉色肥润有光泽，支钉胎，胎呈褐色，俗称铁胎，是宋官窑的重要特征。中医有"望闻问切"四诊法，内含"切脉"，即医师以手按病人的动脉，根据脉象特征来分析诊断疾病，切脉需要脉枕、脉床、脉褥等辅助工具，而脉枕是最为常用的，切脉时，将脉枕搁置在病人手腕下，使病人的手臂充分舒缓伸展，在减轻其劳累的同时，使号脉更为准确，在传统中医学的历史中，脉枕是不可或缺的一个重要医用器物，一直发挥着福祉民众健康的积极作用。脉枕诞生于唐代之前，一直延续至晚清，不乏出现其他材质的脉枕，如木头、玉石、竹子等，但是瓷脉枕始终是主流，不少名窑都烧制过大量的脉枕，但宋官窑极为罕见。

【047】 元：官窑贯耳瓶

尺寸：高 14.5cm 腹径 8cm

说明：此瓶撇口，八角身，束颈，左右两侧各有一圆柱形中空双耳，俗称贯耳，下呈八角足，整器施白釉，通体开片纹，足底部无釉露黑胎，俗称"铁足"，该器胎质坚硬，釉色莹润光泽，极其精致，为世所珍。《遵生八笺》中关于开片的论述："……纹取冰裂鳝血为上，梅花片墨纹次之，细碎纹之下也……"，意指开片纹分上、中、下三等，以冰裂鳝血纹为上，梅花片墨纹居中，细碎纹为下等等。而实际上，不管哪种开片纹饰在今天看来都属于宝中之宝了。

【048】 宋：官窑折沿洗

尺寸：高 4.8cm 口径 15cm

说明：此洗口沿外撇，折沿折底，器壁微呈弧形，圈足，上宽下窄，底露铁胎，通体开片纹，此器极为规整，仿金银器形制，造型上追求古朴、典雅、敦厚之美，结构完整，比例和谐，刚柔相济，柔和流畅的整体轮廓与刚劲明快的棱角转折结合自然，底足修整细腻，通体施釉，釉质莹润肥厚，釉面开片分布自然，其造型构思巧妙，工艺精湛，惟妙惟肖，实用性与观赏性为一体，属宫廷文房之用器，保存完好，甚是难得，整个官窑水洗于静穆之中，透出高贵之气，颇具流畅、高雅、脱俗的美学造诣，具有较高的收藏价值。

【049】 宋：官窑葫芦瓶

尺寸：高 19cm 腹径 10cm

说明：宋代官窑瓷器，官瓷代表着汉族陶瓷艺术的最高成就，属于宋代五大名窑之一，由官府直接营建。有北宋官窑、南宋官窑之分。官窑瓷器虽然在宋代瓷器中只占极少数，但是由于其所处地位和具备的优越条件，使它在当时烧造了一批宫廷所需的高档瓷器，其高超的烧造技艺和不朽的艺术价值，成为汉民族珍贵的文化遗产。此器整体呈葫芦形，釉呈青灰色，釉质温润，釉面开片自然美观，造型新颖雅致，线条优美，为宋官窑器物中的精品，宋官窑器物十分优良，这是因为胎体成形后先素烧胎体，经过挑选，再多次上釉，装釉二次烧成，因此传世的宋代官窑器形规整，制作精良。

【050】 宋：官窑八棱洗

尺寸：高6cm 口径21cm

说明：洗呈八棱形，折沿外撇，浅壁，八足露有铁胎，通体满施米黄釉，釉色匀润，釉面开片，开片纹有深有浅，口沿釉薄处呈褐色，宋官窑烧造瓷器的精妙之处不在于它的装饰，而在于它如玉般庄重、典雅、神秘且自然美，在艺术风格上，官窑以釉色取胜，以造型见长，以纹片著称，这些器物反映出宋代朴实、古雅的独特艺术风格和审美趣味。历史上，南宋官窑是青瓷中的佳品，以"紫口铁足""米黄釉色""冰裂纹片""薄胎厚釉"四大特征著称于世，其优美古朴的造型，晶莹柔润的釉色，可谓巧夺天工，据了解，流传至今的宋代官窑瓷器有碗、盘、碟、盏托、洗、瓶、炉、尊等，样式多种，虽然样式并不华丽，釉色单一，很少有纹饰装饰，却有一种独特的端庄肃穆，内涵深刻，艺术境界深远，官窑由宫廷设窑烧造并垄断，流传至今的珍品非常稀少，目前存世量不多，是宋瓷中的精品。

【051】 宋：官窑贯耳瓶

尺寸：高 19cm 腹径 12cm

说明：此瓶口微外撇，粗颈较长，两侧各有一筒状圆形直耳，中空，俗称"贯耳"，腹下部丰满，高足露褐色胎，通体开片稀疏，纹片纵横交错，自然美观，别具一格，虽然样式并不华丽，釉色单一，却有一种独特的端庄肃穆，内涵深刻，艺术境界深远，具有极高的收藏价值和观赏价值，为陈设之用而非生活用器，瓶造型方正别致，丰腴而不臃肿，风格硬朗，胎体厚重，外形敦实，釉质坚致温润，釉色匀净细腻，莹澈而无浮光，简约淳美，精致隽秀，富有天然韵致，古色古香，尽现宋代官窑酥润含蓄之美。

【052】 宋：官窑镂空三足炉

尺寸：高 11cm 口径 19cm

说明：此件三足炉直口筒腹，下承三足，造型古朴典雅，形体庄重，敦实憨厚，圆浑秀美，腹部镂空一周，工艺精湛，通体施满釉，胎骨较厚，釉色滋润如玉，釉面布满大小纹片，纵横交织如网，层层叠叠，晶莹透亮，相得益彰，古拙而不失俊美，颇有韵味。摘自明 高濂《燕闲清赏笺》官窑即为宋代名窑，以其开片带有"百圾破"闻名，宋代官窑在后世备受人们青睐，此炉器极富凝重古朴之感，深得宋器之神韵，器形端庄，釉面浑厚滋润，釉色均匀，是宋代之佳作。

【053】 宋：官窑花口洗

尺寸：高 4.5cm　口径 17.5cm

说明：此水洗呈六瓣花口形，通体施釉，釉层滋润，细腻匀净，浑然一体，釉面开片自然匀称，线条富于变化，造型古朴考究，保存完好，器形虽不见大，但文房器物秀雅轻巧，手感润泽，让人爱不释手。笔洗属于文房四宝笔、墨、纸、砚之外的一种文房用具，是用来盛水洗笔的器皿，以形制乖巧、种类繁多、雅致精美而广受青睐，传世的笔洗中，有很多是艺术珍品，其有各式各样的质地，包括瓷、玉、玛瑙、珐琅等，或象牙、犀角等名贵材质，但在各种笔洗中，最常见的还是瓷器，此笔洗为官窑器物，确属罕见精品。

【054】 宋：官窑三足洗

尺寸：高 6.5cm 口径 14.5cm

说明：宋代宫廷以官窑、汝窑之高贵纯净的釉色为重，引领了一代审美风潮，此洗圆口外撇，浅腹，下承束腰三乳足，底有细小支烧钉痕，内外施天青色釉，器身开片细微，釉质肥厚润泽，胎质坚实，釉面凝润沉稳，尺寸格式适中，工艺精细，配以素雅匀净的釉质，达到造型与色彩最佳结合的唯美境界，文房之瓷质者以素雅为上品，宋人宣导的此番美学理念于后世影响深远，如此可人的文房佳器，珍藏之不失儒雅。南宋官窑，续北宋官汝而生，汝官二瓷，素丽隽永，釉色莹润，秀逸绝世，效仿不绝至今，然未能复造，艺术地位至高，深得历代倾慕。

【055】 宋：官窑花插

尺寸：高11cm 口径8cm

说明：此器简约悦目，别具韵味，圆口，深腹，圈足，秀逸朴厚，浑然天成，通体施厚釉，釉质古雅温润，冰裂开片，错落有致，口沿釉薄处微微泛黑，足部呈铁褐色，颇具宋官窑"紫口铁足"之特征，官窑之瓷，自烧成起，已见时人撰文赞之，证故时匠人神技巧思，尽谙美瓷韵，出窑成品时，溢散赵宋文士之雅调。观此花插釉色灰青色，似秘色，昔日匠人定是缓缓迭施釉层，或重复窑烧，始达如此柔光婉约之效，裹之厚釉，锐角敛藏，胎土黝色，唯足可见，遥想当时烧成出窑以后，冷却工夫掌握得宜，继而润其色，方得如此自然，婉柔之处，让人爱不释手。

【056】 宋：官窑葵口盘

尺寸：高 3cm 口径 15.5cm

说明：此盘葵口，圈足，整体呈六瓣葵花口形制，器形端庄，刚中见柔，底承圆形圈足，胎呈黑褐铁色，通体罩米黄釉，澄澈莹润，隐透丹霞，器身遍布开片，片纹自然泛金，浓淡不一，呈现乳浊失透质感，隐隐露出釉层下灰黑胎体之色，若翠色浸入胎骨，心旷神怡，口沿由于釉水流淌，釉层较薄，略呈褐紫色，为宋代官窑器之"紫口"现象，其垂釉十分自然，底部满釉，唯足缘无釉，亦可见坚质之褐色胎骨。南宋官窑是宋代由宫廷所设立的御窑，其特点是官建、官管，所烧瓷器专供皇家御用，制作十分讲究，由于宫廷专用的特点，当时产量极少，现在存世数量也十分有限，大多为传世品，流传有序，极为珍贵。

【057】 宋：官窑斗笠盏

尺寸：高 9cm 口径 18cm

说明：官窑是宋代五大名窑之一，在陶瓷史上有举足轻重的地位，其主要表现不在于它的装饰，而在于本身如玉质般的自然美，庄重而典雅，神秘且古朴，在艺术风格上以釉色取胜，以造型见长，具有古雅崇高的独特艺术价值，其自然开片形成的冰裂纹，是一种典型而唯美的纹片形态，因釉似冰开裂而得名，遗存至今，皆十分珍贵。此官窑斗笠盏敞口，腹部斜直，圈足，显得非常劲挺、俊秀，造型端庄敦实，器形协调，温润如玉，可感其厚，并略呈亚光，其中裂纹清晰而现，观之犹如坚冰炸裂，具有较强的立体之感，而以手感之，却又光洁平滑，整体高雅素装，独具装饰艺术魅力。

【058】 宋：官窑天青釉簋式炉

尺寸：高 7cm 宽 14cm

说明：炉拟殷周青铜簋式，圆口束颈，鼓腹敛胫，底承浅圈足，腹侧贴塑扳耳一双，通体罩天青色釉，色泽淡雅，精光内敛，开深浅色纹片，线条柔美而不失稳重，收放自如，平添几分灵秀，薄釉处有出筋现象，圈足露胎，胎色乌褐，流溢紫金光泽，"紫口铁足"特征明显，质感凝重深沉，观之平稳含蓄，简洁雅致，反映宋人返古复始、克己复礼的精神心理，呈现一派"清水出芙蓉，天然去雕饰"的境界，含蓄而兼具挺拔道劲之美，妙不可言。

【059】　宋：官窑葵口盘

尺寸：高 3cm　口径 15.5cm

说明：此盘造型简洁雅致，六瓣葵花形口，浅弧壁，圈足，足端无釉，呈铁褐色，口沿釉薄处映出淡紫黑色胎骨，即所谓的"紫口铁足"，盘体釉面厚如凝脂，润泽如酥，放大镜下可见气泡如细小串珠紧密聚集，美不胜收，釉面满布大小相间、纵横交织的纹片，釉层清明玉润，有光泽感，略显些微透明，釉层薄厚均匀，此盘古朴不失大气，没有任何花样图案的装饰，却不失其迷人魅力，令人回味无穷。

72

【060】 宋：磁州窑剔花梅瓶

尺寸：高 45cm　腹径 18cm

说明：此瓶取梅瓶形制，唇口，短颈，溜肩，上部丰满，腹下渐敛，圈足，素底无釉，造型端庄挺拔，体形匀称，瓶身以白地黑彩剔花为饰，腹部缠枝牡丹纹为主纹，肩与腹下各饰莲瓣纹一周，上下呼应，黑白分明，尤见装饰布置之巧思，牡丹花瓣肥大，花叶纤细卷曲，构图丰满，而花、叶主次分明，清晰可辨，寥寥数笔，便已形神备至，生机盎然，观之整器，器形优美，刻画生动，黑白布置，古雅大气，堪称磁州窑白地黑彩剔花瓷之典范，且如此大器，存世稀珍，殊为难得。磁州窑白地剔黑彩制法特殊且难度较大，素胎先敷化妆土，再以黑彩勾勒纹饰，剔去黑彩，下露白净化妆土，再施透明釉，烧成后形成白地上浮凸黑剔花的纹样效果。制品风格洋溢着宋文化神韵的梅瓶，成为中国古代陶瓷艺术的经典之作。

【061】 宋：磁州窑花卉纹梅瓶

尺寸：高 40cm　腹径 13cm

说明：本品硕美，传世磁州窑之大器，白地黑彩互为映衬，对比鲜明，令人印象深刻，相若器形绘黑彩纹饰者甚罕，仅于少数世界知名收藏个例可见，然其尺寸、造型、纹饰各异，故此梅瓶可谓独一无二。磁州窑造型有瓶、罐、水注、瓷枕等，装饰技法包括珍珠地划花、篦划花、白剔花、黑剔花、白地黑花、素胎、三彩、模印花等；装饰题材多为花鸟草虫、珍禽异兽、婴戏、山水绘画、人物故事、简单线条、神仙画像等，反映出宋时期的民风、民俗和社会生活。

【062】 元：磁州窑鱼鳞纹梅瓶

尺寸：高 36cm 腹径 18cm

说明：瓶取梅瓶形制，唇口，短颈，溜肩，上部丰满，腹下渐敛，圈足，素底无釉，造型端庄挺拔，体形匀称，瓶身以白地黑彩为饰，腹部剔鱼鳞纹为主纹，肩与腹下各饰莲瓣纹一周，上下呼应，黑白分明，构图丰满，主次分明，清晰可辨，寥寥数笔便已形神备至，生机盎然，尤见装饰布置之巧思。梅瓶以其造型优美，纹饰瑰丽成为磁州窑典雅的最具代表性作品，磁州窑白地剔黑彩制法特殊且难度较大，素胎先敷化妆土，再以黑彩勾勒纹饰，复剔去黑彩，下露白净化妆土，再施透明釉，烧成后形成白地上浮凸黑剔花的纹样效果。观之整器，器型优美，刻画生动，黑白布置，古雅大气，堪称元代磁州窑白地黑彩剔花瓷之典范，且如此大器，存世稀珍，殊为难得。

【063】　宋：磁州窑刻花大罐

尺寸：高 43.3cm　腹径 36.5cm

说明：磁州窑所用材料是当地所产"大青土"，这种材料铁含量比较高，烧制出来的瓷器胎色略泛青灰，不符合当时"尚白"的审美需求，因此窑工们在胎体之外加施白色化妆土，再罩以透明釉，制成釉色如乳的白瓷，这种工艺不仅丰富了陶瓷的装饰效果，也赋予了磁州窑以极强的生命力。磁州窑为宋代北方最大民窑，窑口分布甚广，主要为河北磁县观台镇等，以生产白釉黑花，黑釉白花产品著称，尤以剔刻工艺称绝。此器即为磁州窑黑釉白花剔刻工艺的一件代表作品，器形圆润饱满，比例协调，腹部剔刻莲花等花卉纹，朵朵绽放，枝叶繁茂，整体大气端庄。磁州窑产品主要满足民间需求，其画面装饰生动，尤富生活情趣，深受当时百姓的青睐和追捧。

【064】 宋：钧窑兽纹紫斑香炉

尺寸：高 18cm 宽 18cm

说明：香炉盘口折沿，边缘起立边，沿面内倾，直束颈，圆鼓腹下垂，处理得十分规矩，三足承托器身，颈部两侧长板形冲天耳，上部与唇口相接，高出口沿近一寸板耳中空，其腹双面粘烧兽形纹饰，增加了香炉的设计感，此炉除足尖涩胎外里外满施紫斑釉，釉面肥厚莹润，流淌交融，此类朝天耳的钧瓷炉，一般断为宋代之物，应为供器，宋代宫廷、民间大事礼佛，故而钧窑大量烧造供养类器物，其中香炉遗世最多，但质量参差不齐，个中精品亦为罕见。本品体量适中，少了稚拙，多了秀雅。

【065】 宋：钧窑椭圆形洗

尺寸：高 6cm　短口径 12.5cm　长口径 18.5cm

说明：本品之造型极为简约，无纹饰，口沿处釉色薄而呈淡淡的褐黄色，使得器物轮廓鲜明，代表着宋人追求一色匀净、不视雕琢的审美性格。钧窑的发源地和中心烧造区域位于如今河南省许昌市下辖的县级市——禹州市，上自北宋末年，下至明或更晚，河南有诸多窑口产烧钧瓷，宝丰清凉寺汝窑也在其列，钧窑器胎土精实，其形制素简、挂釉稠厚均有赖于此，烧造期间，釉中水分由素坯孔隙吸收，烧成后釉衣更显盈实。此洗呈椭圆形，敞口，四露胎足，洗内外通体施玫瑰紫斑釉，底部施酱釉，釉质凝厚滋润，色彩浓重艳丽，为钧窑中之佳品。

【066】 宋：钧窑长颈瓶

尺寸：高 27cm 腹径 14cm

说明：此瓶长颈，胆形腹，造型优美，端庄清秀，通体施玫瑰紫斑釉，釉光晶莹细润，圈足呈深褐色，整器比例匀称，线条自然流畅，釉质光润，有着极强的观赏和收藏价值，从施釉工艺看出此瓶制作之精良，品味之高雅，尤其它所透露出的文化气息，可以想象在当时应是不同凡俗的皇家之物。宋钧窑瓷器的雅致，不仅在于釉色和器形，更重要的是其包含的文化气息，宋人静观万物，常以花材影射人格，此瓶作为花瓶使用，花与瓶作为一个整体静立在文人佳人的案头，成为他们的知音和情感寄托，气质优雅的钧窑长颈瓶，适合于单枝长茎花草，如梅之傲雪凌霜、竹之虚心有度、菊之隐逸清高、荷之不蔓不枝、松之傲骨铮铮等，插入瓶中，待花如待人，见花如见己。

【067】 宋：钧窑海棠形笔洗

尺寸：高 7cm 最短口径 18cm 最长口径 24cm

说明：此笔洗敞口，折沿，口沿起边，浅腹，底部四个如意云头足，整器作四瓣海棠花式，通体施窑变釉，色泽变化万千，洗内外蚯蚓走泥纹特征明显，玫瑰紫斑色彩美轮美奂，底部施酱釉，整体造型规整，韵味十足，为钧窑瓷器之代表作。钧瓷始于唐盛于宋，中国传统陶瓷烧制工艺的稀世珍品，为中国著名的五大名瓷之一，是中国历史上的名窑奇珍，距今已有一千三百多年的历史，被誉为"国之瑰宝"。自宋徽宗起被历代帝王钦定为御用珍品，入住宫廷，只准皇家所有，不准民间私藏，在宋代就享有"黄金有价钧无价"，"纵有家产万贯，不如钧瓷一件"之盛誉，故钧瓷一直受到人们的青睐和专家们的高度重视，钧瓷属北方青窑系统，其独特之处是钧瓷的窑变艺术，使用一种乳浊釉，即通常说的窑变色釉，入窑一色，出窑万彩，高温烧制后，会产生出如夕阳晚霞，或如秋云春花等，是凝聚了中国劳动人民智慧和艺术的结晶。

【068】　宋：钧窑紫斑盘

尺寸：高 2.5cm　口径 21.5cm

说明：钧窑器，是宋瓷中最为艳丽夺目者，以河南禹州钧台窑为主要窑址，但河南其他地区也有烧造，钧窑器铜红彩斑斓明艳，规则不一，纹虽简，饰却华，犹如书法挥毫，每器均独一无二，因而深得当时宋人青睐，本品正是佳例，盘为折沿制式，规整大气，通体遍施天蓝釉，釉质温润恬静，富有乳浊之感，观其盘心，不规则玫瑰紫斑泼洒其上，如晚霞变幻又如山水氤氲，引人入胜，钧瓷上的斑彩是以铜红釉粗犷刷绘，或涂覆于天青釉面，高温中还原，融合一体而形成，如此斑纹，有赖艺匠刷绘釉料手艺，以釉料分布及两彩比重见高下，如此特质，与抽象画作异曲同工，本品紫斑超卓臻善，令人惊叹。

【069】 宋：钧窑紫红斑胆瓶

尺寸：高 33cm 腹径 16cm

说明：瓶细长颈，溜肩鼓腹，圈足，瓶身比例匀称，线条自然流畅，通体施钧釉，自然垂流，虽素面无纹，却也变幻莫测，整器造型优美，实为陈设赏玩之佳品。胆瓶又称锥把瓶，源于宋代，因其形似垂胆而得名，器形秀美，古时多用作插花之器，清代康熙时期的著名词人纳兰性德即有"轻风吹到胆瓶梅"之名句，此器胎、形、釉、色俱绝，为宋代钧窑典型器。宋代钧瓷绚烂奇妙之色彩是在烧制中自然形成的，或如蓝天，或紫中藏青，青中寓白，白里泛红，即所谓"入窑一色，出窑万彩"也，尤为神奇则是窑变万象，妙景竞生，或如群山叠翠、幽潭帆影，或如雪积南岭、玉暖冰河，或如星辰满天、寒鸦归林，或如仙山环阁、飞云流水，皆惟妙惟肖，其神妙绝非世间丹青妙手所能及。古人曾有诗赞曰："绿如春水初生日，红似朝霞欲上时，烟光凌空星满天，夕阳紫翠忽成岚。"

【070】 宋：钧窑三足香炉

尺寸：高 13.5cm 宽 14cm

说明：此香炉直立耳敞口折沿，直颈鼓腹下承三兽足，三足饰兽面纹，双板耳左右两侧各两象头，象鼻上卷，整器大部分施紫斑色釉，釉水肥厚且晶莹玉润，简洁有力的线条勾勒出规整庄重的气概，宋代钧窑瓷器造型古朴端庄大气，且存世量稀少，历来为收藏者喜爱，此件钧窑紫斑釉三足炉器形小巧，釉色莹润，制作精细。在中国陶瓷发展史上，钧瓷炼制极难，有"十窑九不成"之说，因此，世上绝无相同之两件钧瓷，历代帝王皆钦定钧瓷为御用珍品，专用于宫廷而严禁于民间，更是有了"纵有家财万贯，不如钧瓷一片"的美誉。

【071】 宋：钧窑渣斗式花盆

尺寸：高 19cm　口径 21cm

说明：此花盆侈口，宽唇，长颈，圆腹，底胎体厚重，内施天蓝色釉，外施紫斑色釉，器底褐色胎，钧窑瓷器的釉是一种乳浊釉，它不同于玻璃状的透明釉，而是典型的乳光釉，其基本釉色是各种浓淡不一的紫斑色乳光釉，蓝色较淡的称为天青，紫斑与蓝釉相互融合的结果，灿若晚霞，古朴自然，此花盆保存完整，极为难得，备受宫廷的青睐。

【072】 宋：钧窑香炉

尺寸：高 12.8cm 腹径 11cm

说明：此炉平口折沿，溜肩，鼓腹，下承三足，造型古朴稳重，通体施紫斑釉，呈乳浊状，色彩斑斓，釉层肥厚，炉壁挂釉至炉底，三足无釉，足底露胎，胎骨呈酱色，质地比较细密，造型简约，形制亦颇精巧，敦实可爱，此炉是宋代常见炉的造型，造型传承于商周青铜鼎，时代特征非常明显，整体素朴简洁，炉身素净，更显钧釉之华，简约秀丽，韵味悠长。钧窑因釉色受窑温变化影响而参差多态，因此发色浑然天成，每件器物皆举世无双，虽无从掌控预知，却平添求索乐趣，尤宋时名士对其青睐有加。北宋一朝，政治、社会、经济剧变，举国上下思潮涌动，意识形态与审美倾向颠覆以往，以简雅、谦和、天然为上，与此前历代大相径庭，此炉娇小，别具一格，人遇之，无不欲凝神细看，品其隽永，乃属珍材。

【073】 元：钧窑皮囊壶形水滴

尺寸：高 12.5cm 腹径 9.5cm

说明：此钧窑皮囊壶扁体，下部丰满，壶两面随形起线，顶端一侧的出水口与绳纹曲柄紧紧相连，通体施以钧釉，釉厚均匀，釉面橘皮纹明显，局部泛出紫红窑变斑，形成彤云密布之景象，施釉不到底，底足露胎，胎呈酱褐色，古朴典雅，规整大气，丰富而协调，犹若贵妇般的雍容华贵，整体给人典雅稳重，敦厚饱满之感，是少见的一件文房用具。钧瓷的釉色为一绝，千变万化，红、蓝、青、白、紫交相融汇，灿若云霞，宋代诗人曾以"夕阳紫翠忽成岚"赞美之，这是因为在烧制过程中，配料掺入铜的氧化物造成的艺术效果，此为中国窑瓷上的一大发明，称为"窑变"，钧釉的紫斑在工艺上是将青蓝色的釉上有意涂上一层铜红釉所造成的，由于烧造气氛的不同，故出窑后釉色各异，被称为"钧瓷挂红，价值连城"，收藏价值与艺术价值兼具。

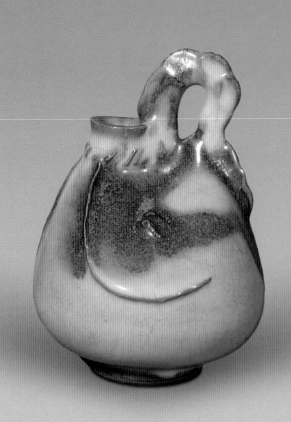

钧窑皮囊壶形水滴

【074】 宋：钧窑紫斑梅瓶

尺寸：高 28.5cm 腹径 13cm

说明：此梅瓶小口短颈，丰肩下收，瓶底圈足，器形端庄典雅，如少女般亭亭玉立，美丽动人，此类梅瓶也称"美人瓶"，通体施玫瑰紫斑釉，釉面肥厚滋润，玫瑰紫斑层层叠叠，深入浅出，晕散自然，如此完美的钧窑立件尤为珍贵，具有极高的收藏价值，得者应予宝之。宋代在瓷器烧造上有很高的要求就是规整对称，无论是造型或纹理都遵循这一原则，特别是北宋官造钧瓷，不论是文房用具、陈设摆件，或大型祭器等，都严格遵守这一原则，此瓶高雅大气，一丝不苟，其势沉重古朴，带有宫廷之气势。

【075】 宋: 钧窑大钵

尺寸: 高 17cm 腹径 21.5cm

说明: 此钧窑大钵直口、深腹、圈足, 器表施紫斑釉, 厚润均匀, 钵内壁自然开片, 千姿百态, 天青釉宛如蔚蓝色天空, 淡雅宜人, 赏心悦目, 釉中的流纹形如流云, 意境无穷, 造型古朴厚重, 典雅端庄, 简洁大方。钧窑瓷器以釉色鲜丽多变、质感深厚著称, 过去一直备受中外鉴藏家所珍视, 其中该窑口烧制的单色釉瓷中, 以此外紫斑色, 内天青色为最尊贵。北宋年间, 宋徽宗在禹州钧台附近设"钧官窑"烧造贡品御瓷, 这些极为珍贵的钧瓷选入宫中, 供皇室使用, 使宋钧成为奇珍异宝, 故称"传世钧瓷", 所以有"黄金有价钧无价""纵有家财万贯, 不如钧瓷一片"的盛誉, 并由此成为历代帝王御用贡瓷之一。

【076】 宋：钧窑三足炉

尺寸：高 11.5cm 腹径 13cm

说明：此钧窑三足炉，发色浓丽，艳紫蔚蓝相互交融，柔美如幻，珍稀罕得，此类钧瓷，风格繁复，炉身素净，釉色带斑，宛如浩瀚星空一般，更显钧釉之华，韵味悠长。钧窑因釉色受窑温变化影响而参差多态，因此发色浑然天成，每件器物皆举世无双，虽无从掌控预知，却平添求索乐趣。北宋一朝，政治、社会、经济剧变，举国上下思潮涌动，意识形态与审美倾向颠覆以往，以简雅、谦和、天然为上，与此前历代大相径庭，此炉娇小乃属珍材，废繁奢，取瞬霎抽象，别具一格，宋时名士对此类钧瓷青睐有加。

【077】 宋：钧窑鸡心罐

尺寸：高 9cm　腹径 11.5cm

说明：罐敛口，圆鼓腹，重心在下腹部，腹壁圆弧，底部急收，下承圈足，外形制作规整精致，通体施玫瑰紫斑天蓝釉，釉层肥润，匀净淡雅，口沿处釉层较薄而微显天蓝色，圈足露护胎釉，整体造型敦厚古拙，素面无任何人为修饰，更显釉色沉静雅致，古色古香。钧窑作为中国五大名窑之一，创始于晚唐，兴盛于北宋，主要釉色有月白、天蓝、紫斑红等，自古便有"纵有家产万贯，不如钧瓷一片"的说法，其名贵程度可想而知，此罐造型别致，釉色匀净，胎重釉厚，为宋代钧窑佳作。

【078】 宋：钧窑玫瑰紫釉盏

尺寸：高 5cm 口径 9.5cm

说明：此为一件典型的宋代钧窑器，盏圆口，腹部内收，小圈足，造型端庄，做工考究，整体施窑变形成的玫瑰紫釉，釉面光泽并带有少量气泡，釉层均匀，色彩美妙，具有强烈的视觉冲击力。苏东坡之名句"从来佳茗似佳人"，典型地代表了唐宋及文人墨客将品茶作为精神享受的明显倾向，宋代时斗茶之风大盛，极为崇尚茶具的精美，故官窑、哥窑、定窑、钧窑、龙泉窑、吉州窑、建窑等都有烧制茶盏。此品造型规整，紫釉妍丽，其窑变玫瑰紫釉色，有一种荧光一般幽雅蓝色乳光，色调之美，妙不可言，为彼时钧窑盏中之佼佼者。

【079】 宋：钧窑花盆

尺寸：高 19.5cm 口径 25cm

说明：口呈圆形，口沿外敞，深弧壁，厚圈足，底挖渗水孔，形如仰置的挂钟，故名"仰钟式花盆"，内施天蓝釉，外壁施紫红釉，蓝紫相间，釉色变化如梦如幻，底部酱色护胎釉，钧瓷的釉色奇幻，是宋金元三代最引人入胜的古陶瓷之一，大部分的钧瓷外表光素，以厚润乳浊而深浅不一的蓝釉为特色，钧釉为石灰碱釉，如其他青釉一样，部分蓝色由少量氧化铁在还原气氛中烧成，最重要一点是"二液分相法"，即含高硅的钧釉中浮悬着微细的玻璃质粒子，相等于油和醋组成的色拉酱汁，钧釉要产生这种乳剂状态，必须长时间停留在高温状态下，然后慢慢冷却，中国北方的馒头窑由于隔热功能优良，确能成就绝佳的钧釉效果。

【080】 宋：钧窑天青釉折沿盘

尺寸：高 2.5cm 口径 18cm

说明：此盘折沿，浅弧腹，葵口，内外均施天青色釉，口沿处釉层较薄，映出灰色胎体，底留有支钉痕，器身釉色莹润，极富观赏情趣。钧瓷始于唐盛于宋，自宋徽宗起被历代帝王钦定为御用珍品，入住宫廷，只准皇家所有，不准民间私藏，在宋代就享有"黄金有价钧无价"，宋代钧瓷无论是造型艺术，还是釉色风格，无论是审美追求，还是艺术成就，都是呈现出一种自然天成的"道家风范"，在看似"平凡""平淡"中，有着深刻的文化底蕴，它不矫饰、不哗宠，然而那神奇绝秘的釉色，在色浅时有韵质的变化，在色浓时有山水风光，四时日月的幻化，淡而不俗，淡而不寡，它那庄重大方的造型，透射着冷峻和尊严，素穆和伟毅，极具典雅之魅力，故一些美学家常定位宋代钧瓷为"淡雅"的典范，成为一种时尚与境界，这也是当时文化氛围，时代精神的集中表现。

【081】 宋：钧窑三足炉

尺寸：高 22.5cm 宽 26cm

说明：炉口厚唇，直短颈，鼓腹下垂，颈中部两边各粘烧长方形冲天耳，与唇口相接，高出口沿寸余，冲天耳中空，其内粘烧细长附耳，连接肩部与唇口，增加双耳的层次感，在钧窑炉中颇为少见，颈及腹部采用贴塑技法装饰，腹下置三足，短小敦实，整体施天蓝紫斑釉，釉面肥厚莹润，工艺颇为精细，泛出玫瑰色紫红斑块，红蓝相映，分外夺目，尺寸之巨颇为罕见。焚香礼佛作为宋代宫廷日常的一种生活方式，因而钧窑大量烧造佛具，但个中精品亦为罕见，此炉体形较大，壁厚釉腴，而双耳造型特殊，古窑作大器容易变形走样，而此器敦实厚重却不失协调匀称，不知几中拣一，殊为难得。

【082】 宋: 钧窑三足炉

尺寸：高 16cm 腹径 19cm

说明：钧窑三足炉，折沿口，鼓腹，三足，造型极为简约，形制颇为精巧，釉层肥厚丰腴，器身施满醉人的淡紫色釉，紫斑分布匀称，纯以钧釉之天然窑变色泽为饰，显出各色相映交融的别样艺术效果，格外古朴雅致，此炉体形较大，壁厚釉腴，古窑作大器容易变形走样，而此器敦实厚重却不失协调匀称，不知几中拣一，殊为难得，作为五大名窑之一的钧窑瓷器历来被人们称之为"国之瑰宝"，在五大名窑中以"釉具五色，艳丽绝伦"而独树一帜，古人曾用"夕阳紫翠忽成岚"等诗句来形容钧瓷釉色灵活、变化微妙之美。

【083】 宋：钧窑执壶形水注

尺寸：高 11cm 宽 12.5cm

说明：此水注小口鼓腹，整体似水滴形，两侧分别各置曲弯流和把手，形制古朴可爱，胎质敦厚坚细，通体施天青紫斑釉，釉水肥腴，釉面光洁，颜色清新淡雅，韵味无穷，不规则玫瑰紫斑泼洒其上，如晚霞变幻又如山水氤氲，引人入胜。钧瓷上的斑彩是以铜红釉粗犷刷绘，或涂覆于天青釉面，高温中还原，融合一体而形成，如此斑纹，有赖艺匠刷绘釉料手艺，以釉料分布及两彩比重见高下，如此特质，与抽象画作异曲同工，本品紫斑超卓臻善，令人惊叹。钧瓷属北方青窑系统，之所以受到人们的青睐和专家们的高度重视，是因其独特之处使用一种乳浊釉，即通常说的窑变色釉，也就是钧瓷的窑变艺术，入窑一色，出窑万彩，高温烧制后，会产生出如夕阳晚霞，或如秋云春花等，是凝聚了中国劳动人民智慧和艺术的结晶。

【084】 宋：钧窑椭圆形笔洗

尺寸：高 7.8cm 最短口径 18cm 最长口径 26.5cm

说明：笔洗形椭圆、口折沿、斜壁、下承四足，整体内施天蓝釉，外壁施紫斑釉，底施酱釉，有支钉痕，器内隐约可见的蚯蚓走泥纹古朴精致，形象生动，釉面润泽光滑，器形端正，简洁大方，修足工整，工艺精湛，有较高的收藏价值，如此精美的文房之物，置于书房案头很是突出主人的闲情逸致，高雅情操。钧窑之釉，全凭窑火天工，非人力所能及，因无法掌握出窑时的釉色，所以钧窑釉色常见五彩斑斓的窑变效果，如本品之整器烧成紫斑釉者十分罕见，为宋代笔洗之珍稀之品。

【085】 元：钧窑堆花双耳三足炉

尺寸：高 22.5cm　宽 17cm

说明：此炉浅盘口，厚唇，直长颈，扁腹下垂，颈中部粘烧长方形冲天耳，与唇口相接，高出口沿寸余，冲天耳中空，其内粘烧细长附耳，连接肩部与唇口，增加双耳层次感，在钧窑炉中颇为少见，颈及腹部采用贴塑技法装饰，腹部饰有花纹，底部置三足，短小敦实，整体施釉色泛月白，釉面肥厚莹润，工艺颇为精细，局部泛出玫瑰色紫红斑块，红蓝相映，分外夺目，尺寸之巨亦颇为罕见。宋代官钧器消亡之后，取而代之的是金、元代民窑钧瓷的兴盛，钧瓷的形制釉色更加多元多变，元代宫廷民间焚香礼佛，因而钧窑大量烧造佛具，其中香炉遗世最多，然毕竟民窑作品质量参差不齐，个中精品亦为罕见，此炉体形巨大，壁厚釉腴，而双耳造型亦特殊，敦实厚重却不失协调匀称，不知是几中挑一，殊为难得。

【086】 宋：钧窑紫斑釉如意形枕

尺寸：高9cm 宽18cm 长23cm

说明：宋代瓷枕发展进入繁荣时期，装饰技法也突飞猛进，刻、划、剔、印、堆塑等技法纷纷采用，极大地丰富了瓷枕的表现力和艺术性，瓷枕有很多形制，六角形、八方形、如意形、长方形、腰圆形、云头形、花瓣形、鸡心形、椭圆形等，也有塑成婴孩、虎形、龙形等仿生形。钧窑为我国北方著名瓷窑，在古钧州境内，故名钧窑，亦称"均窑""钧州窑"，钧瓷以"釉具五色，艳丽绝伦"而独树一帜，古人曾用"夕阳紫翠忽成岚"诗句来形容钧瓷釉色灵活变化之微妙.此枕为宋代钧窑，枕呈如意形，运用镂空、堆塑等工艺，通体施玫瑰紫斑釉，釉色匀净，枕侧面镂空雕葫芦纹饰，寓意：吉祥福禄，整体造型饱满，集钧窑各种装饰技法于一身，传世极为罕见，实在是钧窑类别中不可多得之精品。

【087】 宋：钧窑大盘

尺寸：高 4.5cm 口径 35cm

说明 ：本品为折沿制式盘，胎质细腻，胎体厚实，板沿口，浅圈足，底心内凹，
露胎灰白色支钉痕，规整大气，通体遍施天蓝釉，釉质温润恬静，富有乳浊之感，
观其盘心，不规则玫瑰紫斑泼洒其上，如晚霞变幻，又如瑞兽腾空而起，细看又似
水中之鳗鱼，形象逼真，惟妙惟肖，引人入胜。钧窑见红者即为上品，恰如古人曾
用"夕阳紫翠忽成岚"等诗句来形容钧瓷釉色灵活、变化微妙之美，如此斑纹，有
赖艺匠刷绘釉料手艺，以釉料分布及两彩比重见高下，唯窑变斑各异，无一相同，
如此特质，与抽象画作异曲同工，令人惊叹。

【088】 金：钧窑龙首洗

尺寸：高 7cm 宽 21cm

说明：此洗呈圆形，薄唇，深腹斜直，弧腹，在口沿一侧贴塑有龙首，龙首紧攀口沿，龙头高高昂起，双目注视前方，整件水洗施月白釉，釉色厚重，造型独特，古朴大气。金代中前期是钧窑瓷器的重要发展期，不但数量大，制瓷水平极高，釉色有天蓝釉、月白釉及蓝釉红斑等，深得当时人们的喜爱，使之需求量日益增多。烧造窑场以禹州为中心，迅速向周边扩展到宝丰清凉寺、汝州严和店、郏县窑、鲁山窑、新安窑、当阳峪窑、鹤壁集、林县窑等，金代中后期至元代，随着元朝统一，更为钧窑瓷器的生存提供了相应的条件，钧窑器瓷得以更为广泛地传播延续。

金：钧窑龙首洗

【089】　元：钧窑花口龙耳瓶

尺寸：高 64cm　宽 23cm

说明：瓶为花形口，长颈，丰肩，鼓腹，腹下接高座，瓶身与底座相连接，瓶颈两侧塑龙纹双耳，下接肩部，腹部前后贴塑辅首衔环纹，瓶的底座中空，通体施润泽的月白釉，釉面窑变呈现不规则的紫红、玫瑰色斑，元代钧窑器的底胎相对于宋代来说，胎质较为粗松，呈色有白、灰白、黄、红、黑，积釉肥厚，浑浊失透，多棕眼，釉泡，施釉不到底，圈足无釉，该龙耳瓶器形硕大，造型奇特，端庄厚重但不失灵巧细腻，瑰丽堂皇，极富时代特色，是中原汉文明与北方蒙古文化交融的独特艺术产物，为不可多得的艺术珍品。

【090】 宋：钧窑紫斑鸡心罐

尺寸：高 9.5cm　腹径 10.5cm

说明：本品敛口，弧壁，深鼓腹，近足处急收，矮圈足，足部露胎，施天青釉，釉色绚丽夺目，流光溢彩，天青釉上紫斑浑然，观之宛若宇宙星辰，其胎质坚实，修足规整，造型隽秀，小巧讨喜，釉面莹然，似雾气氤氲，古人曾用「夕阳紫翠忽成岚」形容钧窑釉色之美，恰如其分，此鸡心罐造型别致，柔光之下恍如皂泡，光影反射，俨然似有皂泡自口沿升起，本品属钧窑名品，尤为珍视。

【091】 宋：钧窑花口瓶

尺寸：高 29.5cm 腹径 14cm

说明：钧窑为五大名窑之一，宋元之间最为兴盛，以色泽瑰丽、变化万千著称，以艳丽莫测的窑变闻名于世。据清人《南窑笔记》所记载："北宋均州所造，多为盆、奁、水滴、花盆器皿"，钧窑工艺的独特之处在于其开创了使用铜的氧化剂作为着色剂的制瓷方法，为我国陶瓷工艺、陶瓷美学开阔了一个新的境界，对后世各类窑变花釉、釉里红等工艺奠定了坚实的技术基础。此瓶作五瓣花口，口部折沿外翻，颈为喇叭形，球形腹，腹部鼓出，高圈足，足胫外撇，造型古朴大方，内壁施天蓝釉，外壁施天蓝釉及红釉，釉面温润厚腴，色泽淡恬幽靓，秀美天成，蓝红二色交相辉映，如天边之霞，构成了独特的装饰效果，釉色厚润，色泽依器形的转折而丰富多变，全器造型别致，俊秀挺拔，隽雅端丽，纯净釉色与古朴之器形完美结合，相互映衬，相得益彰，为翘楚之作。

【092】 五代：耀州窑牡丹莲瓣纹执壶

尺寸：高 24.5cm 宽 17cm

说明：此件执壶的造型式样乃五代至北宋早期所流行，越窑、耀州窑、定窑等
均可见，莲瓣纹口，圆肩，球状腹，宽圈足外撇，肩部一侧粘烧环柄，柄身作
U 字形，壶身单刀立体剔刻牡丹枝叶，花叶肥润，蓬勃饱满，刀法简洁明快，
具浮雕效果，时代风格显见，器身满施青釉，足底刮釉露胎，胎为灰褐色，质
地坚实缜密，这件执壶线条自然、流畅，器形饱满典雅，釉质温润，整体布局
规整，寥寥数刀，划纹细腻柔和，给人以美的享受。五代耀州窑最独特的特点
便是拥有一身精美的釉彩，光泽迷人，呈现精致的天青色泽。

【093】 宋：耀州窑葵口洗

尺寸：高 7.5cm 口径 18cm

说明：此件耀州窑葵口洗，口呈花形，五足露胎，通体施釉，釉色橄榄绿，釉质肥厚滋润，手感似玉，造型秀美，端庄大方，有压手感，让人爱不释手，属罕见精品，历经沧桑，岁月之斑驳，保存完好，实属难得，令人生出无限的幽思遐想。

【094】 宋：耀州窑牡丹纹葫芦形执壶

尺寸：高 25cm 宽 16.5cm

说明：葫芦形执壶是北宋早、中期十分流行的一种样式，定窑、耀州窑、景德镇青白瓷等皆可见，同时期的辽瓷中亦有，乃时代风貌。按装饰风格大致分三类：一、素身或仅饰弦纹；二、刻划多层莲瓣纹，具浅浮雕效果；三、通景刻划缠枝花卉等。此件耀州窑执壶器身呈上下两节葫芦状，矮直口，平凹底，涩胎，器身一侧为管状弯流，另一侧置圈形带状柄，全身刻划缠枝牡丹纹，施釉近底，截釉齐整，整器制作精细，造型优美，线条流畅，比例协调，呈现出工艺精湛。

【095】 五代：耀州窑牡丹纹执壶

尺寸：高21cm 宽18cm

说明：壶直口，壶身刻缠枝牡丹纹，牡丹或垂或仰，用刀深峻斜出，得花肥叶厚之美感，蓬勃饱满，花瓣花叶之上再以竹篦刻划经络，随意而到位，圈足及底部刮釉，胎骨灰色致密，壶身内外通施青釉，釉色青郁，釉面光洁匀净，色泽青幽淡雅，清透鲜润，有如冰似玉的质感，尚存唐时遗风，曾被日本学者视作"东窑"所制，以至于也有人认为此即是柴世宗所谓"雨过天青云破处"的天青色，这与普通耀州窑青瓷泛黄泛灰的偏暗色调截然不同，耀州青釉深剔执壶久负盛名，一直是耀州器中颇珍重的品种。

【096】　宋：耀州窑花卉纹执壶

尺寸：高 13.5cm　宽 12cm

说明：此执壶肩部一侧开短流，流身略微弯曲，斜口，便于出水而不滴洒，肩部另一侧粘烧环柄，柄身作 U 字形，口沿下方一周刻饰覆莲花瓣，壶身刻缠枝牡丹纹，牡丹或垂或仰，用刀深峻斜出，得花肥叶厚之感，花叶之上再以竹篦刻划经络，随意而到位，圈足及底部刮釉，胎骨灰褐致密，壶身内外通施青釉，釉色青郁，莹润有光泽，造型小巧别致，十分精美。

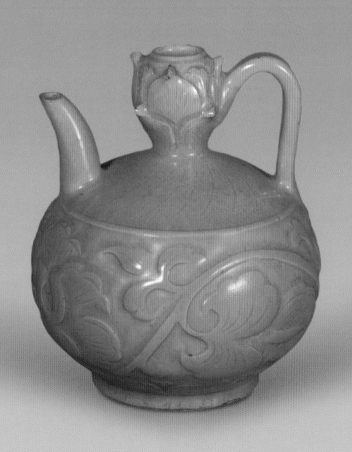

【097】 宋：耀州窑虎形枕

尺寸：高 9cm 宽 15cm 长 20cm

说明：此枕呈卧虎形，虎爪前伏，双目圆瞪，嘴巴张开上仰，通体施青釉，釉色青翠如湖水，釉面莹润光亮，底施一层护胎釉，此虎枕运用写实手法，生动刻画一只伏卧的老虎，栩栩如生，感觉活灵活现，充分体现了匠师们高超手法和独特匠心，是耀州窑青瓷中一件稀有珍品。耀州窑是宋代六大窑系，位于今陕西省铜川市的黄堡镇上，唐宋时属耀州治，在唐代就是中国陶瓷烧制的著名产地，到了宋代达到鼎盛，成为我国"宋代六大窑系"中的一个窑系。

【098】 五代：耀州窑青釉刻花提梁倒流壶

尺寸：高 24.5cm　腹径 18cm

说明：耀州窑青釉刻花提梁倒流壶又称青釉提梁倒注瓷壶，是一种可以把液体从壶底注入，并从壶嘴正常倒出，且倒而不漏的壶，壶身采用多种纹饰，却布局合理，疏密有致，层次分明，有强烈的立体感与空间感，缠枝牡丹纹绕壶腹一圈，刀法犀利、线条灵活、俯仰有致，给人以欣欣向荣之感，极富表现力，凤形提梁与兽形壶流相呼应，形成立体装饰，摆脱了平庸与单调，于细微处见匠心，整个壶的造型构思精巧，整体与局部、植物与动物很好地结合，达到了完美和谐的境地。

【099】 宋：耀州窑花卉纹花觚

尺寸：高 26cm 口径 18cm

说明：耀州窑是中国传统制瓷工艺中的珍品，宋代六大窑系，北宋是耀州窑的鼎盛时期，据记载为朝廷烧造"贡瓷"，花觚之名，形是以西周时青铜器所衍变而成，用于观赏、摆设增加美感，赏心悦目。五代时期，陕西盛产青瓷，或因浙江越窑出产优质青瓷因而受启发，北宋中期以后，刻花发展成熟，其刀法犀利，线条刚劲，刀痕有斜度，不拖泥带水，有半刀泥之俗称。此花觚撇口束身至圈足，通体施青釉，并以刻划莲纹图案作装饰，刻划有力，深入胎体，釉层均匀，釉面光润，图案古朴大方，造型秀美，为宋代耀州窑之中的上佳之作，保存完好，殊为难得。

【100】 宋：耀州窑人物纹执壶

尺寸：高 21.5cm 宽 17cm

说明：耀州窑创烧于唐代，在北宋达到鼎盛，此后窑场虽有移动，但烧瓷从未间断过，制瓷历史长达1300余年，这在中国陶瓷史上极为罕见。美如碧玉般的宋代耀州青瓷，不仅器物种类繁多，使用广泛，而且造型精美多姿，自成一窑系特色，耀州窑主要器形有盘、碗、杯、盏、壶等，凡是宋代社会生活所需的各种器物种类，在该窑的产品中应有尽有。执壶亦称注子，是古代酒器而非茶壶，此执壶盘口，长颈堆塑兽面纹，曲柄扁宽，硕腹斜壁，弧腹均作瓜棱形，中间刻人物纹，有露胎，胎色白灰，全器内外施青绿色釉，釉层透明，均匀洁净，有玻璃光感，此壶器形灵便，造型饱满，宽把曲流，对称和谐，做工虽简洁然端庄有致，具有十分鲜明的时代特征。

【101】 宋：耀州窑牡丹纹执壶

尺寸：高21cm 宽19cm

说明：此执壶长颈、鼓腹、圈足，肩部置一细流，相对处附扁条状弯曲把手，肩与腹部位置以弦纹区分，壶腹剔刻缠枝牡丹纹一周，图案简练概括，丰腴厚重，线条挺拔，刀法犀利，器身通体施满釉，釉为青色，是一件典型的北宋耀州窑酒具。耀州窑釉色以稳定的橄榄青为主色调，耀州青瓷早期装饰受越窑影响以刻花为主，纹饰较为简单，线条宽粗，题材以莲瓣、牡丹等较为常见，刻花刀法熟练，犀利有力，层次清楚，立体感强，具有浅浮雕的效果，花纹局部不加任何装饰，图案简朴，大部分装饰于器物外壁，中晚期刻划花和印花进入了成熟阶段，纹样丰富多彩，生动流畅。

【102】 宋：耀州窑牡丹纹执壶

尺寸：高20cm 宽19cm

说明：此件执壶的造型式样乃五代至北宋早期所流行，直口微侈，圆肩，球状腹，宽圈足外撇，肩部一侧出细弯流，一侧置带状曲柄，壶身单刀立体剔刻牡丹枝叶，花叶肥润，蓬勃饱满，刀法简洁明快，具浮雕效果，器身满施青釉，足底刮釉露胎，质地坚实缜密。执壶于唐宋时称"注子"，作酒器，全器亭亭玉立，高贵典雅，说明此壶为宫廷精心制作，是一件难得的宋代耀州窑官器珍品，具有极高的历史文物价值和收藏价值。

【103】 宋：耀州窑缠枝牡丹纹玉壶春瓶

尺寸：高 26.5cm　腹径 14cm

说明：该瓶撇口，圆唇，细长颈束收，溜肩丰腹，矮圈足，腹部饰缠枝牡丹纹，布局严整，生动流畅，犀利洒脱，刚劲有力，纹饰线条舒展，叶脉纹理清晰，展示耀州窑娴熟的刻花技巧，用刀快以流畅，毫不凝脂，所刻线条似不假思索而成，行云流水，枝叶舒卷有度，摇曳生姿，通体施青釉，釉色淡雅，釉质亮润若琉璃，底足见灰褐色胎骨，质地坚实。玉壶春瓶隋代已经出现，宋至元代玉壶春瓶用作酒器，明、清时渐变为陈设瓷，耀州窑刻花青瓷以盘碗为多，瓶类较少，至北宋中期曾为宫廷烧造贡瓷，此瓶器形精美，釉色清脆，立体感极强，花叶阴阳分明，为耀州窑中精品。

【104】 宋：耀州窑青釉刻花提梁壶

尺寸：高 23cm 宽 20cm

说明：壶以龙身做提梁，以龙口为嘴，工艺繁复，圆口有盖，颈部短直，腹鼓，腹部刻花纹饰，圈足外撇，足削修规整，足底露胎，胎呈香灰色，胎质坚密，刻划刀锋犀利、潇洒，深浅有致，生动立体，浓淡相间，纹样微凸，具有很好的视觉效果。耀州青瓷早期装饰受越窑影响以刻花为主，纹饰较为简单，线条宽粗，题材以莲瓣、牡丹等较为常见，刻花刀法熟练，犀利有力，层次清楚，立体感强，具有浅浮雕的效果，花纹局部不加任何装饰，图案简朴，大部分装饰于器物外壁，中晚期刻划花和印花进入了成熟阶段，纹样丰富多彩，生动流畅。

【105】 宋：耀州窑鱼草纹菊瓣盘

尺寸：高 3.5cm 口径 14.5cm

说明："采菊东篱下，悠然见南山。"晋陶渊明独爱菊，自此以后，文人皆以菊花风骨高标，千古吟咏，而民间自北宋也有一年一度的菊花盛会，菊花不仅见于诗画，更多见于器物之上，同时，以菊为形，刻瓷为菊更成为中国古瓷工艺的传统之一。这件北宋耀州窑青釉菊瓣印花盘，就是菊花形制瓷器的典型代表，此盘精致小巧，然小器大样，十五个菊瓣分割均匀，序列紧密，盘心饰以模印清晰的海水鱼纹，而每一菊瓣上也皆印有开光花草，可见匠人的精巧用心，通体施耀州窑特有的橄榄色青釉，釉色沉静，釉光清润可人，自古爱菊之人，皆以绿菊为菊中珍品，苦心培植，清人《菊谱考略》中提到"绿宝石易寻，绿菊花难得。"而这件耀州窑菊瓣印花盘，恰似一朵盛放于掌中的绿菊，观之可喜，然菊瓣脆弱极易受损，此盘竟能纤毫无损穿越岁月，得此完美品相供今人赏玩，何之幸哉。

【106】 五代：耀州窑牡丹纹执壶

尺寸：高 17.5cm 腹径 17cm

说明：耀州窑是中国北方颇具代表性的窑场之一，窑址在今陕西省铜川市，因铜川古属耀州，故名，创烧于唐，经过五代时期对南北各窑口的学习总结，其中对其影响最大的是越窑。耀州窑瓷器造型较为丰富，制作水准较高，其胎壁与同时期北方其他窑口相比要薄，圈足轮削比较仔细，胎质细密，呈灰褐色，器身青釉光润肥厚，胎釉结合较好，光泽度和透明度都很高。北宋耀州窑釉色以稳定的天青釉为主色调，金代时由于燃料的改变釉色愈发闪黄，耀州青瓷早期装饰受越窑影响以刻花为主，纹饰较为简单，线条宽粗，题材以莲瓣、牡丹等较为常见，刻花刀法熟练，犀利有力，层次清楚，立体感强，具有浅浮雕的效果，花纹局部不加任何装饰，图案简朴，大部分装饰于器物外壁，中晚期刻划花和印花进入了成熟阶段，纹样丰富多彩，生动流畅。

【107】 宋：耀州窑花卉纹葫芦形执壶

尺寸：高 20cm 宽 17cm

说明：壶身呈葫芦形，形象生动逼真，一端置长流，一侧置扁形把手，通体内外施青釉，局部开片，玻璃质感较强，器身刻划荷花纹饰，斜刀入胎，剔花挑骨，花开叶卷，足具功力，近足端露胎，该器造型别致，纯以形制和釉色取胜，为耀州窑之精品。耀州窑是北方青瓷的代表，唐代开始烧制黑釉、白釉、青釉、茶叶末釉和白釉绿彩、褐彩、黑彩以及三彩陶器等，宋、金以青瓷为主，北宋是耀州的鼎盛时期，据记载且为朝廷烧造"贡瓷"，金代延续北宋时期继续发展。

【108】 宋：耀州窑缠枝牡丹纹执壶

尺寸：高 14cm 宽 14cm

说明：执壶呈敛口、溜肩、鼓腹，矮圈足，底露胎，胎质细腻，此壶小口，壶身呈梨形，肩部一侧开短流，流身略微弯曲，斜口，便于出水而不滴洒，肩部另一侧粘烧环柄，柄身作 U 字形，肩部刻饰覆牡丹瓣，壶身刻牡丹纹，用刀深峻斜出，得花肥叶厚之感，花瓣之上再以竹篦刻划经络，随意而到位，不着匠气，圈足及底部刮釉，胎骨灰褐致密，此壶细节处，如壶口、壶把，皆不失精巧匠意。此类梨形小壶可参考故宫博物院藏一件耀州窑钱纹小壶，见《故宫博物院藏文物珍品全集．两宋瓷器（上）》，商务印书馆，1996 年，编号 131。

【109】 宋：耀州窑童子玩莲纹玉壶春瓶

尺寸：高 29.5cm 腹径 15cm

说明：此玉壶春瓶撇口，长颈，溜肩，鼓腹，圈足，底部无釉，胎薄釉匀，自上而下刻有花叶分明的花卉和童子图案，清晰有致，刻工及线条精美流畅，刀法刚劲有力，为耀州窑工艺典型特征，是不可多得之作，玉壶春瓶弥足珍贵，此瓶形由宋代出现后，为各时期、各窑口、各瓷种久用不衰，一直延续到今天，深受各界钟爱与推崇，而且演绎了丰富多彩的千古佳话。

【110】 宋：耀州窑三足炉

尺寸：高 12cm 腹径 12cm

说明：耀州窑位于陕西省铜川市西南黄堡镇，以翠青的釉色和刚劲的刻花著称，其品质超卓，至北宋盛极一时，成为中国一大窑系，耀州瓷以盘、盌为大宗，立件瓶、炉尤为惜赏。此炉造型仿自商周青铜器，古朴典雅，香炉小器大样，口沿外翻，鼓腹，三足外撇，颈部饰螺旋纹一周，刀法利落，纹饰舒卷自然，三足雄壮有力，通体施翠青釉，色如艾草，质若碧玉，釉色浓淡相宜，甚为雅品。

【111】 宋：耀州窑刻春水游鸭葵口碗

尺寸：高 5.5cm 口径 19cm

说明：该碗敞口，呈六瓣葵口形，腹壁斜直，小圈足，足削修规整，胎质坚密，通体施青釉，釉色青中闪黄，露胎处略泛红褐色，碗内刻春水游鸭图，纹饰生动，刻划刀锋犀利、潇洒，深浅有致，纹样微凸，具有很好的视觉效果，苏轼有诗"春江水暖鸭先知"，可为此碗写照，别有意趣。耀州窑在北宋时期最为兴盛，题材多为花卉等，而此碗的春水游鸭纹饰所见极罕，当为耀州窑鼎盛时期之上佳精品，代表了耀州窑刻花青瓷烧造的水平。

【112】 五代：耀州窑缠枝牡丹纹执壶

尺寸：高 21cm 宽 17cm

说明：壶直口，壶身刻缠枝牡丹纹，牡丹或垂或仰，用刀深峻斜出，得花肥叶厚之感，蓬勃饱满，花瓣之上再以竹篦刻划经络，随意而到位，圈足及底部刮釉，胎骨灰褐致密，壶身内外通施青釉，釉色青郁，釉面光洁匀净，色泽青幽淡雅，有如冰似玉的质感，这与普通耀州窑青瓷泛黄泛灰的偏暗色调截然不同，耀州青釉执壶，久负盛名，曾被日本学者视作"东窑"所制，一直是耀州器中颇珍重的品种。

【113】 宋：耀州窑凤穿牡丹纹执壶

尺寸：高 16cm 宽 16cm

说明：此壶造型别致，通体施青釉，釉色苍翠，优雅清丽，长颈，扁腹，肩部饰一圈菊瓣纹，置一壶口微弯，腹部雕划凤凰和大朵缠枝牡丹纹，花朵硕大饱满，层次感极强，构思完美，无论质地色泽均展现了耀州窑青瓷较高的艺术水平。宋代装饰技法主要是刻花、印花、划花及模印刻划相间，以刻花、印花为主，北宋中期刻花发展成熟，刀法犀利潇洒，线条刚劲有力，刀痕有斜度，是宋代刻花技法中最优秀者，北宋晚期的印花也很精美，布局严谨对称均衡，纹饰有缠枝莲、把莲、牡丹、缠枝菊、波浪、飞鹤、博古、海水游鱼、莲塘戏鸭和婴戏图案等，龙凤纹则是宫廷瓷器专用题材。

【114】 宋：耀州窑牡丹纹执壶

尺寸：高 23cm 宽 18cm

说明：此壶小口、短颈、葫芦状，肩部一侧出细弯流，一侧置带状曲柄，造型规整，胎质坚密，釉水莹润，刻划牡丹纹，刀法遒劲，纹饰繁密，釉不及底，圈足露胎。耀州窑是中国北方颇具代表性的窑场之一，窑址在今陕西省铜川市，因铜川古属耀州，故名，创烧于唐，经过五代时期对南北各窑口的学习总结，北宋开始形成了自己的独特风格，其中对其影响最大的是越窑。耀州窑瓷器造型较为丰富，制作水准较高，其胎壁与同时期北方其他窑口相比要薄，圈足轮削比较仔细，胎质细密，呈浅灰褐色，青釉光润肥厚，胎釉结合较好，耀州青瓷早期装饰受越窑影响以刻花为主，纹饰较为简单，线条宽粗，题材以莲瓣、牡丹等较为常见，刻花刀法熟练，犀利有力，层次清楚，立体感强，具有浅浮雕的效果，花纹局部不加任何装饰，图案简朴，大部分装饰于器物外壁，中晚期刻划花和印花进入了成熟阶段，纹样丰富多彩，生动流畅。

【115】 宋：定窑凤穿牡丹纹葵口盘

尺寸：高 3cm 口径 17.5cm

说明：定窑为宋代五大名窑之一，以出产白瓷著称，是五大名窑之中烧造时间最早、历时最悠久的窑口，所制白瓷精于刻划，擅长模印，曾入贡内廷，为后世所重。定窑之印花工艺始于北宋，于金代达到巅峰，与同时期汝、钧、官、哥各窑一味素雅的风格不同，定窑在素色瓷器上装饰繁丽似锦的纹饰，呈现出有别于其他各窑的华丽色彩。所以"花"逐渐成为定窑瓷器的招牌，时人遂以"花瓷"名之，文人以其入诗的句子甚多，如苏轼"定州花瓷琢红玉"，周紫芝"深注花瓷不胜白"，喻良能"花瓷碎薄谁能携"等等。此定窑盘侈口、浅壁、平底，器形盈秀，釉面呈象牙白色，宝光内蕴，盘心凤凰翱翔于牡丹之上，身姿优美，尾羽翩翩，华丽典雅，虽于方寸之间，仍可见灵动之态，印工极精，纤毫毕现，工艺精湛，为北宋定窑印花器之精品。

【116】 宋：定窑莲瓣纹葫芦瓶

尺寸：高 18cm 腹径 11cm

说明：器物撇口，束腰，呈葫芦形，圈足涩胎，通体刻莲瓣纹，莲瓣简洁典雅，刻划线条流畅，错落有致，整体纹饰象征富贵，寓意吉祥。定窑是我国宋代五大名窑之一，是继唐代的邢窑白瓷之后兴起的一大瓷窑体系，在北宋时进入发展的鼎盛时期，制瓷技术有许多创造和进步，在宋朝被选为宫廷用瓷，使其身价大增，产品风靡一时。本件葫芦瓶精工细作，纹样秀丽典雅，别具一格，胎色白色微黄较坚致，釉呈米色，釉色洁白晶莹，加之，器物为立件，器形在定窑中更是罕有。葫芦它是福禄寿的化身，象征福寿绵长不绝，又载承吉祥寓意的定窑作品殊为难得，尤其珍贵。

【117】 宋: 定窑葫芦形执壶

尺寸: 高 18cm 宽 13.5cm

说明: 壶身整体呈葫芦形,以扁平带状柄连接壶体上下,壶流为圆柱状稍带折,肩腹结合部亦有一道刻花纹,腹部鼓凸,通施白釉,釉不及底,洁净素雅,下承圈足,足底见胎,胎质泛黄,此件执壶造型简洁大气,不作细抠,显得端庄韵雅,极富宋代朴素清雅的审美特点,且保存完好,殊为难得,颇具收藏价值。定窑从邢窑而来,由于历史的变迁,定窑随着地域变化,新瓷土料的运用和制瓷工艺的进步,认为定窑最大的贡献就是在中国陶瓷发展的历史上闪烁过光芒,在中国陶瓷史和世界的陶瓷发展史上留下辉煌的一页。

【118】 宋：定窑牡丹纹盖盒

尺寸：高 9.5cm 腹径 15cm

说明：此件盖盒为定窑少见品种，北宋时多作为香盒用途，印花盖盒通体洁白，盒身十二花边形，与盖以子母的样式合口，盖面中心印有一朵大牡丹花纹，盒身内外施上白釉，盖外壁有花瓣环绕，别出心裁，显得贵气逼人。定窑为宋朝瓷业之代表，深得社会和后世所推崇，元人刘祁《归潜志》赋诗赞曰："定州花瓷瓯，颜色天下白。"明初曹昭《格古要论》中称道："古定窑器土脉细腻，色白而有滋润者为贵。"本品可谓宋代定窑之佳作，形制优雅，胎质细密轻薄，呈现象牙一般的质感，隽永而淡恬。

【119】 宋：定窑莲瓣纹执壶

尺寸：高 19cm 宽 14cm

说明：此壶盘口，长颈，折肩，腹壁弧内收，下承圈足，壶把位于一侧的颈中部，折曲而下，末端搭至肩腹相接处，整体器形规整，胎土白细坚硬，无杂质，器身饰莲瓣纹，器内外均罩白釉，釉层薄而均匀，釉色白中泛微黄，光泽柔和温润，立体感十足，亦不显突兀也不喧宾夺主，可见匠心，该壶取宋代执壶之经典造型，此类执壶亦称"注子"，常与温碗配套使用，宋人好饮温酒，按照当时的饮酒习俗，是将盛满酒的注子放入温碗之中，碗内加注热水用以温酒，然后斟入台盏或杯中饮用，由于碗内的热水可随时更换，可以达到时刻保温的目的，因此在宋代，使用如此成套温酒器来温酒的习俗颇为流行。

【120】 宋：定窑长颈瓶

尺寸：高 16cm 腹径 11cm

说明：瓶通体呈六棱形，直口，长颈，溜肩鼓腹，腹以下渐收至底，圈足，瓶体凸棱部位釉色浅淡，更增加了器形的美感，颈、肩相接处有三条凸棱，增添装饰趣味，通体施白釉，釉色白中泛黄，有不明显的乳浊现象，施釉均匀，纹饰疏朗简朴，具有严谨工整的美感，意境深远耐人寻味，此器造型优美，线条流畅。定窑素以精美的白瓷著称于世，晚唐至宋代，白釉一直是其最主要的品种，由于瓷质精良，釉色洁净，纹饰秀美，一度被选为宫廷用瓷。

【121】 宋：定窑鱼草纹六棱洗

尺寸：高 8.5cm 口径 20cm

说明：定窑为赵宋名物，色莹而质润，千百年来备受文人士大夫推崇，被尊为
五大名窑之一，明初曹昭《格古要论》中称道："古定窑器土脉细腻，色白而
有滋润者为贵"，此洗堪称佳例，此定窑洗口沿呈六边形，弧腹，通体施白釉，
外壁素雅无纹饰，洗内刻鱼草纹，寥寥几笔便将纹饰的生动体现得淋漓尽致，
胎骨洁白细腻，内外罩透明釉，呈现出象牙白一般的质感，整器造型精巧，古
朴端庄，画面生动充满立体感，神韵十足，全器以造型及釉色取胜，充分体现
赵宋一朝之高雅审美，为文房佳作。

【122】 宋：定窑蕉叶纹执壶

尺寸：高 16.5cm 宽 12.5cm

说明：此壶直口，长颈，折肩，腹壁弧内收，下承圈足，肩部一侧出流，流呈管状，
上端微曲，扁式壶把起于与流相对一侧的颈中部，折曲而下，末端搭至肩腹相接处，
最高处与壶口略高，线条坚挺流畅，整体器形规整，胎土白细坚硬，通体刻划蕉叶纹，
器内外均罩白釉，釉层薄而均匀，釉色白中微黄，光泽柔和温润，该壶取宋代执壶
之经典造型，由于虹吸原理此时尚未运用，故流的位置普遍靠上，出于肩部，亦体
现出其时代特点。定窑白瓷为宋时五大名窑之一，胎质细腻，色白而滋润，素来享
誉盛名，器形以碗、盘最为常见，执壶相对少有流传，更显其珍贵。此壶器形规整
严谨，敦实却不显厚重，釉色柔润，素雅洁净，可视为定窑执壶之标准器。

【123】 宋：定窑弦纹奁式炉

尺寸：高 12cm 宽 16cm

说明：白釉奁式炉为定窑高端名品，各大博物馆均有收藏，它体现了早期定窑的朴拙简素的纯白美学。奁式炉为经典高端器形，在故宫博物院等著名馆藏汝窑、官窑弦纹奁式炉都有类似经典造型，且路份及品位极高，炉身通体内外施釉，整体优雅秀美，尺寸精巧，手敲发出磬声，釉白如雪，施釉极薄却有滋润之感，釉品之极高，炉面更随意挥洒，素雅手刻几道弦纹，爽利清新，清白如风之韵。

【124】 宋：定窑花卉纹瓶

尺寸：高 19cm 腹径 13cm

说明：此蒜头瓶，小圆口，上腹较小，下腹较大，颈部贴双耳，通体施白釉，下腹刻划花卉纹，双侧堆塑兽首，矮圈足，整器制作精细，造型优美，线条流畅，比例协调，胎白坚致，釉质纯净，色白闪象牙黄，釉面光润，白釉瓷烧制工艺对胎釉的纯度要求较高。定窑是继唐代邢窑之后的大窑系，以白瓷产品风靡一时，曾被北宋中期钦定为宫廷用瓷，故此件器物弥足珍贵。

【125】 宋：定窑荷花纹斗笠碗

尺寸：高 6cm　口径 21.5cm

说明：印花斗笠碗是宋代定窑的经典品种，因形似斗笠而得名，本件定窑模印荷花纹斗笠碗，采用定窑流行的覆烧工艺，碗身斜直，小底足，端庄大气，通体施象牙白釉，釉色莹润，清新雅致，碗心模印肆意绽放的荷花，叶片舒展，纹饰清晰，表现出旺盛的生命力，为定窑模印工艺的经典作品。定窑为宋代五大名窑之一，以出产白瓷著称，是五大名窑之中烧造时间最早、历时最悠久的窑口，精于刻划，擅长模印，素有定州花瓷的美称，器物曾入贡内廷，为后世所重用。

【126】 宋：定窑莲瓣纹杯

尺寸：高 6cm 口径 8cm

说明：该杯圆口，微弧壁，圈足，口镶一圈银边，胎骨轻盈坚致，胎质细白，杯的外壁划刻莲瓣纹，刀法流畅曼妙，流露出优雅的气质，内壁光素，整体釉色莹润，呈象牙白色，是定窑的代表性作品。定窑装饰以风格典雅的白釉刻、划花和白釉印花为主，划花多与刻花相配，白釉印花最富特色，北宋早期定窑的刻花，其构图、纹样趋简，以重莲瓣纹居多。

【127】 宋：定窑葫芦形执壶

尺寸：高 16cm 宽 14cm

说明：执壶又称注子、注壶。据唐李匡义《资暇集》"注子便提"条云："元
和初，酌酒犹用樽杓……居无何，稍用注子，其形若罂，而盖、嘴、柄皆具。"
唐前期注子的口部一般呈浅盘形，短颈，鼓腹，置圆筒形或六角形短直流及曲柄，
五代至北宋时期的注子，器身渐高，器形修长秀美，并多与温碗相配，合称注
碗。本品器身呈上下两节葫芦状，矮直口，平凹底，涩胎，口和胎分别都镶银，
器身一侧出管状弯流，另一侧置带状柄，蕉叶纹饰肩，瓜瓣纹饰腹，光素简约，
施釉近底，截釉齐整，控釉工艺精湛，整器制作精细，造型优美，线条流畅，
比例协调，该壶器形适中，品相完整，应为宋朝宫中用器。

【128】 宋：定窑莲瓣纹罐

尺寸：高 15.5cm 腹径 14cm

说明：唐宋时，刻划和模印是莲瓣纹装饰的主要手法，尤其是定窑、耀州窑的佛教用品，器身刻有多层莲瓣纹，刀法犀利，匀净利落。此宋代定窑罐形制轻巧，内外皆施白釉，釉面光洁莹润，胎质细腻，唇略外卷，镶银口，束颈，折肩，腹部渐收敛，矮圈足，底部涩胎，可见制坯时留下的细密旋纹，腹部浮雕三层叠莲瓣，中间莲瓣硕大，筋脉凸起，棱角分明，修整细致，粗细凹凸于一体。古人赞美定瓷釉色之美，定窑不仅以釉色取胜，更加注重造型与釉色的相互衬托，此器即是如此，形体小巧，制作规整，宛如一朵冉冉盛开的白莲花，圣洁脱俗，包浆滑润，色泽古旧，可见此莲瓣纹罐已珍爱传承长久。

【129】 宋：定窑执壶

尺寸：高 24.5cm 宽 15cm

说明：定窑为宋代五大名窑之一，以白瓷之质地洁白细腻，造型之规整纤巧而驰名，从唐五代到北宋，乃至金代，质朴无华，天作之色的定窑白瓷作为几朝宫廷御用瓷器的地位从来没有被撼动过。本品为定窑白瓷壶，造型颇具唐宋之风，盘口，细颈，丰肩鼓腹，腹下渐收，圈足，肩部一侧塑短流，全器釉层匀薄，胎体轻盈坚质，整体优雅端丽，为定窑精湛之作。

【130】 宋：定窑蕉叶纹双兽耳瓶

尺寸：高 17.5cm 腹径 11cm

说明：本定窑双兽耳瓶，镶银口，长直颈，弧腹，下至圈足，颈部饰竹节纹，肩部两侧分别堆塑两兽做耳，腹部刻蕉叶纹，整体造型简洁干练，线条秀丽，充分体现了宋代极简主义的审美情趣，在将线条和装饰化繁为简后，充分诠释了定窑在质感上的表现力。目前定窑的传世器皿和残片以碗及盘居多，位于现今河北保定附近的定州白瓷窑，专制圆器卧件，极少出瓶、罐等立件，因圆器较易拉坯成形，可大量制造，如本品般颈身细长之小口立器，制作甚难，需拉坯分段接合成形，要求每段塑形精确，接合须稳固无痕，故成品殊稀，大多难免于窑中毁塌或变形，可见此瓶的珍贵之处。

【131】 宋：定窑花卉纹执壶

尺寸：高 17.5cm 宽 12cm

说明：定窑的执壶又称注子，它最初是由青铜器的造型演变而来，至南北朝时才基本定出壶的制式，隋唐至宋代又吸取了金银器的部分制式并加以融入，使之在执壶的式样上出现了多种变化。执壶的主体部分原是以瓶类为摹本，后根据饮酒之需，再加上壶嘴及壶柄，再糅进了金银制品的部分式样，使这个生活器具具备了实用、秀美和灵活，显示出高妙隽雅的艺术效果，此件藏品非常精美，整体流畅，显露出匠工的非凡技艺，不可多得，值得收藏。

【132】 宋：定窑蕉叶纹水滴

尺寸：高 8.5cm 宽 8cm

说明：定窑是我国宋代五大名窑之一，它是继唐代的邢窑白瓷之后兴起的一大瓷窑体系，主要产地在今河北省曲阳县的涧磁村及东燕川村、西燕川村一带，因该地区唐宋时期属定州管辖，故名定窑。其白瓷胎质细腻，釉色润泽，造型规整，常常带有饰纹，早期多用刻划花，图案简洁，形象秀雅。此水滴呈执壶形，直口，溜肩，鼓腹，短小流，曲柄，腹部刻划蕉叶纹，矮圈足，底露胎，胎质白皙细腻，全器呈现牙白润泽釉光，整体感觉恬静雅致，造型奇特规整，为难得的定窑文房器物。

【133】 宋：定窑莲瓣纹大碗

尺寸：高 12cm 口径 26cm

说明：此定窑碗器形硕大，胎质细腻，丰腴端庄，弧壁深腹，宽口内倾，下腹斜收，器身随沿起伏，碗内刻花卉绽放，刀法利落写意，雅致入微，下缀叶片衬托，仿佛随风摇曳，线条流利，寥寥数笔，灵动生趣，外壁刻划莲瓣纹，意态略异，简洁清雅，平底规整沉实，通体施釉，器面莹亮柔润，色呈牙白悦目脱俗，久历千年风霜，朴淳如昔。窑烧与本品大小相若的器物时，变形或开裂的风险甚高，对陶匠和窑师来说都是一项严峻的考验，除了诸多的技术难题，窑烧的燃料亦成本不菲，加上每批烧造的大型器物数量有限，所以像本品一类的大碗定然造价高昂，而订制者亦非富即贵，难怪器形敦硕如本品的定窑盘碗，传世者少如凤毛麟角。

【134】 宋：定窑莲瓣纹葫芦瓶

尺寸：高 16cm 腹径 11cm

说明：此瓶身呈宝葫芦形，小圆口镶一圈银边，上腹较小，堆塑三兽面，下腹
稍大，堆塑花卉纹以及莲瓣纹，通体施白釉，自上而下自然呈两节葫芦状，矮
圈足，整器制作精细，造型优美，线条流畅，比例协调，胎白坚致，釉质纯净，
色呈象牙黄，釉面光润，白釉瓷烧制工艺对胎釉的纯度要求较高。定窑是继唐
代邢窑之后的大窑系，以白瓷产品风靡一时，曾被北宋中期钦定为宫廷用瓷，
故此件器物弥足珍贵。

【135】 宋：定窑鹿纹梅瓶

尺寸：高 17cm 腹径 12cm

说明：此件白釉梅瓶丰肩短颈，唇口较小，瓶身上半部丰满，于下腹部内收较急，圈足较小，因而显得瓶身秀丽挺拔，线条优美，于肩部和胫部刻划莲瓣纹，瓶身腹部刻伏卧的梅花鹿，身形健硕，肢腿粗壮有力，可以看出匠人的技艺精湛，用刀流畅，长短转折皆一刀而成，绝无半点犹豫，通体施透明釉，坚致细腻，因胎骨白度较高，故而整器色泽洁白莹润，此瓶造型端庄挺拔，是宋代定窑梅瓶的标准样式，各个部位的纹饰清晰婉转，深浅不一，简洁典雅，线条流畅，显示出定窑刻划技术的娴熟。

【136】 宋：定窑蕉叶纹执壶

尺寸：高21cm 宽13cm

说明：此壶釉色白净，直口，长颈带盖，盖上纽为一只蹲卧的瑞兽，形状乖巧可爱，壶的肩部饰莲瓣纹，壶身刻蕉叶纹，宽曲柄从颈部连至肩部，与柄相对应的另一侧是出弯流，弧形腹部装饰双层蕉叶纹，修刀利落，立体感颇佳，浅圈足，足脊露坚实洁白的胎体，外壁满罩白釉，釉质温润，釉色清薄素雅。执壶，又称注子，最初的造型是由青铜器而来，南北朝早期的青瓷当中，已经有这种执壶的造型，其后在唐宋两代又加入金银器的点缀，这在唐宋的绘画里可见到，在执壶出现之前，人们一般用酒樽与酒杓饮酒，据唐李匡义《资暇集》"注子便提"条云："元和初，酌酒犹用樽杓……居无何，稍用注子，其形若罂，而盖、嘴、柄皆具。"汉晋以来，文人作赋、写诗称颂酒德，于是饮酒成为一种"雅道"，酒具也成为一种雅器，此件执壶便是如此，整体优雅端丽，纤巧的器身，严谨的构造，为定窑精湛之作，具有极高的文化和艺术价值，是一件完美的北宋定窑珍品。

【137】 宋：定窑花卉纹葵口洗

尺寸：高 8.5cm 口径 19.5cm

说明：定窑为赵宋名物，色莹而质润，千百年来备受文人士大夫推崇，被尊为五大名窑之一，明初曹昭《格古要论》中称道："古定窑器土脉细腻，色白而有滋润者为贵。"此葵口洗堪称佳例，洗的口沿呈六瓣葵形，弧腹，通体施白釉，外壁素雅无纹饰，洗内刻花卉纹，寥寥几笔便将纹饰的生动体现得淋漓尽致，胎骨洁白细腻，内外罩透明釉，呈现出象牙白一般的质感，整器造型精巧，古朴端庄，画面生动充满立体感，神韵十足，充分体现赵宋一朝之高雅审美，为文房佳作。

【138】 宋：定窑花卉纹瓶

尺寸：高 18cm 腹径 13cm

说明：此瓶取样西周铜方壶的造型，长方口，平底矮圈足，颈部两侧为模印的龙形半环耳，肩部正背面各有兽面式样，器壁满布划花装饰，器施牙白釉，色泽莹润，目前传世定窑器皿和残片以碗及盘居多，此器形定窑十分罕见。位于现今河北保定附近的定州白瓷窑，专制圆器卧件，极少出瓶、罐等立件，由于圆器较易拉坯成形，可大量制造，如本品立器，制作甚难，需拉坯分段接合成形，要求每段塑形精确，接合须稳固无痕，故成品殊稀，大多难免于窑中毁塌或变形。此瓶形制高雅，胎质细腻，器形丰腴端庄，刀法利落写意，篦划筋脉，雅致入微，器面莹亮柔润，色呈牙白悦目脱俗，久历千年风霜，朴淳如昔。

【139】 宋：定窑蕉叶纹执壶

尺寸：高 18cm 宽 12cm

说明：壶为喇叭口，长颈，折肩，圆形腹，下承圈足，流部饰有一龙首，龙嘴开张，龙角铮铮，两腮开合，似吐出琼浆玉液之状，壶身刻划蕉叶纹，蕉叶纹指以芭蕉叶组成的带状纹饰，特指以蕉叶图样连续展开形成的装饰性图案，线条简洁规整，主要以划花为表现手法，也有着其独特美好的寓意，如芭蕉的叶大，则"大叶"谐音"大业"，寓意大业有成，而且芭蕉的果实都长在同一根圆茎上，一挂挂紧挨在一起，所以被看作团结、友谊的象征，再如芭蕉其冬死春又复生的特点，也被看作欣欣向荣，生机勃勃的象征，此件执壶器形标准，全器施牙白色釉，造型古朴典雅，其龙首之点睛装饰，代表了本品应为宋代贵族或宫廷用器。

【140】 宋：定窑蕉叶纹罐

尺寸：高 17cm 腹径 17cm

说明：此罐敞口，无颈，丰肩，肩下渐内收，器外壁以刻划蕉叶纹为饰，底露胎，整体庄重大气、稳重，全器用刀深浅交错，直刀，斜刀，篦划交互运用，熟练然疏简松散有度，蕉叶纹错落有致，也不过于繁复，整体风格素雅，特别是在定窑上呈现出来的效果圆润且明净。北宋是定窑发展的鼎盛时期，宋代统治者极为重视文化艺术的发展，劳动人民的制瓷技术也有许多创新和进步，北宋中后期，定窑由于瓷质精良，色泽淡雅，纹饰秀美，被宋朝政府选为宫廷用瓷，使其身价大增。

【141】 宋：定窑莲瓣花卉纹执壶

尺寸：高 23cm 宽 16cm

说明：葫芦形执壶是北宋早、中期十分流行的一种样式，定窑、耀州窑、景德镇青白瓷等皆可见，同时期的辽瓷中亦有，乃时代风貌，按装饰风格大致分三类：一、素身或仅饰弦纹；二、刻划多层莲瓣纹，具浅浮雕效果；三、通景刻划缠枝花卉等。本器身呈上下两节葫芦状，矮直口带一小盖，平凹底，涩胎，器身一侧形象逼真的立坐瑞兽当壶嘴，另一侧置带状柄，花卉纹饰肩，腹部刻划莲瓣纹，施釉近底，截釉齐整，控釉工艺精湛，整器制作精细，造型优美，线条流畅，比例协调，器物形制轻盈大气，布满纹饰又不杂乱，可见古时文人雅士所钟爱的严谨之风。

【142】 宋：定窑莲瓣纹瓶

尺寸：高 18cm 腹径 11.5cm

说明：北宋至金代年间，定窑佳器屡出，获两朝宫廷垂青，定窑白瓷胎体细薄洁白，釉色透亮略显乳白，饰纹素丽，沉静典雅，气韵非凡，目前传世定窑器皿和残片以碗及盘居多。位于现今河北保定附近的定州白瓷窑，专制圆器卧件，极少出瓶、罐等立件，由于圆器较易拉坯成形，可大量制造，如本品喇叭口立器，制作甚难，需拉坯分段接合成形，要求每段塑形精确，接合须稳固无痕，故成品殊稀，大多难免于窑中毁塌或变形。此瓶形制高雅，口沿处镶一圈银边，胎质细腻，器形丰腴端庄，腹部刻三层莲瓣纹，错落有致，刀法利落写意，篦划筋脉，雅致入微，器面莹亮柔润，色呈牙白悦目脱俗，久历千年风霜，朴淳如昔。

【143】 宋：定窑莲瓣纹兽纽执壶

尺寸：高21cm 宽16cm

说明：这件执壶直口，长颈，折肩，圆鼓腹刻划莲瓣纹，肩上有扁条形曲柄及短流，下承圈足，口上有台形盖，盖顶坐一兽纽，此执壶器形标准，清雅稳重，全器施白釉，釉面清薄素雅，釉下有竹丝刷痕，底内可见旋挖痕迹，为宋代定窑白瓷中的精品。从五代后期开始，定窑壶类一改唐代以来那种浑厚古朴的传统造型模式，壶流逐渐变长，形体日趋秀巧，到了北宋时期，壶类的造型更是丰富多彩，并多配有温碗，常见的有葫芦形、瓜楞形以及造型复杂的仿生壶等。

【144】 宋：定窑花卉纹兽纽执壶

尺寸：高 19cm 宽 16.5cm

说明：此壶为直口，平沿，溜肩，圆腹，盘形盖上有一兽形纽，肩腹有扁条形曲柄及短流，下承圈足，此执壶器形标准，清雅稳重，全器施白釉，釉面清薄素雅，釉下有竹丝刷痕，壶身刻划出花纹，线条流畅，写意，无拘谨之感，造型古朴典雅、秀美，完全展现定瓷凌厉铮然的风格和明丽润涵的气质。执壶是宋人重要的酒具，宋墓壁画的宴饮图中常见其形象，经千余年之变，存世稀少，常见碗、盘，而执壶寥寥无几，可见其珍贵。

【145】 宋: 定窑孩儿瓷枕

尺寸: 高 12cm 宽 9cm 长 20cm

说明: 枕作孩儿伏卧于榻上状, 以孩儿背作枕面, 孩儿两臂环抱垫起头部, 细发梳为左右两边蝴蝶结形状, 点缀两朵小花饰于发带连接盘过额头, 发带中间额头处饰一朵三叶小花, 可爱至极, 孩儿两足交叉上翘, 身穿长袍, 外罩坎肩, 长衣有印花纹, 榻为椭圆形, 周边模印一圈花纹, 枕身釉呈牙黄色, 底素胎, 匠师的独具匠心, 将瓷枕塑造成一个天真、活泼可爱的女孩儿形象, 孩童眉清目秀, 眼睛圆而有神, 神情悠闲得意, 整件作品线条柔和流畅, 细部的刻画极为生动传神, 是中国古代瓷器中的名品。

【146】 宋：定窑莲瓣纹葵口碗

尺寸：高 8cm　口径 15cm

说明：此碗造型葵口起唇，斜深弧腹，圈足规整，外壁近足处堆塑莲花瓣一周，刀法生动流畅，宛若一盛开的牙白色莲花，迎风摇曳生姿，端庄秀丽，纯洁高雅，颇富生活闲趣。定窑为宋代五大名窑之一，以出产精细白瓷而闻名，宋金时期为定窑发展的鼎盛时期，由于瓷质精良，色泽淡雅，纹饰秀美，定窑曾一度奉命向北宋宫廷进贡瓷器。本品内外施白釉，釉面匀净细润，微呈象牙色，给人以恬淡之感。

【147】 宋：定窑水草鱼纹葵口洗

尺寸：高 8.5cm 口径 19cm

说明：此定窑洗口沿呈六瓣葵形，弧腹，圈足，通体器内施白釉，外壁施酱釉，内侧壁上刻划水草纹，中央刻划双鱼，外壁素面无纹，底部见胎并有落下"东宫"款，寥寥几笔便将水草与鱼的生动体现得淋漓精致。整器造型精巧，古朴端庄，画面生动充满立体感，神韵十足。

【148】 宋：越窑秘色瓷鸳鸯

尺寸：高 13.3cm 宽 18cm

说明：越窑是中国古代南方青瓷窑，窑所在地主要在今浙江省上虞、余姚、慈溪、宁波等地。生产年代自东汉至宋，晚唐至北宋初是越窑工艺最精湛的时期，技艺不断精进，达到顶峰，所烧青瓷代表了当时青瓷的最高水平，是当时的第一名窑，也称"秘色窑"。此件越窑秘色瓷鸳鸯造型，高冠，嘴紧闭，颈羽后掠，双翼裹体，尾羽高耸，双爪弯曲伏地，遍饰羽纹，通体用捏塑、堆贴、刻划等技法饰成，造型生动，体态优美，栩栩如生，周身满施青釉，釉色青翠，釉光莹润，釉质肥嫩光滑，包浆柔润自然，是一件不可多得的越瓷秘色精品，秘色瓷多见碗、盘、钵、粉盒等日用器，而动物造型的极为少见，具有极高的收藏价值和艺术价值。

【149】 宋: 越窑莲瓣纹五管瓶

尺寸: 高 30cm 腹径 16cm

说明: 越窑青瓷历史悠久, 影响深远, 倍受人们的赞赏和青睐, 是汉族传统制瓷工艺的珍品之一。越窑的器形品种十分丰富, 有各种日用瓷、陈设瓷、祭祀瓷和殉葬用的明器, 除此之外, 越窑青瓷的装饰手法也十分多样, 有刻、划、堆塑、镂空、模压等等, 有的则是多种工艺集于一身。五管瓶, 又称多管瓶, 造型奇特, 是北宋时期浙江地区多见的器形之一, 多出土于墓葬, 属于明器, 此件五管瓶器身满饰肥厚的莲瓣纹, 肩部贴塑五根小管, 瓶盖与瓶身所饰莲瓣, 覆仰呼应, 顶部有宝珠纽一颗, 纽珠造型又似一颗莲子, 匠心巧妙, 生动传神, 整器施以繁缛的贴塑刻划工艺, 整体造型端庄优美。经传千余年至今, 其品相完整完美, 极为罕见。

【150】 宋：越窑执壶

尺寸：高 24cm 宽 18cm

说明：此壶造型修长，唇口翻卷，鼓腹，曲柄长流，口颈部呈喇叭形，圈足，胎体坚细，通体内外施青灰釉，釉面均匀，釉光润泽，素面无纹，宝光内蕴，足端垫烧痕无釉，为越窑瓷典型器，造型端庄，淡雅素洁。越窑乃我国最早主烧青瓷的著名窑场，自东汉创烧，历经六朝的发展而至唐宋的繁荣，绵延一千多年，生产地域遍及整个浙江东南的宁绍平原，晚唐至北宋初是越窑工艺最精湛的时期，技艺不断精进，达到顶峰，所烧青瓷代表了当时青瓷的最高水准，是当时的第一名窑。

【151】 宋：越窑凤穿牡丹纹粉盒

尺寸：高 6cm 口径 13cm

说明：此盒造型美观，纹饰精致，盒呈扁圆形，子母口，直沿，圈足满釉，足底泥圈垫烧露出涩圈胎面，胎色浅褐，盖面刻划凤穿牡丹纹，通体施青釉，釉层莹润，越窑青瓷因其釉质温润如玉，青绿中闪黄的色彩韵雅至极，故受宋时雅士的追捧。北宋时期流行扁身平盖的粉盒，此件粉盒便属一例，其雕工曲线流转宛若行云，在釉色衬托之下，更显古雅精致，实乃宋代越窑之佳品。

【152】 六朝：越窑羊尊

尺寸：高 12cm 宽 14cm

说明：这件青瓷羊尊的造型十分美观，四肢蜷曲作卧伏状，头部线条以细短阴线刻画，线条生动有力，羊尊整体造型优雅生动，形体健美，寥寥几刀即将身躯之肥硕尽显无遗，加之釉色保存完好，釉面匀净，温润细腻，是一件不可多得的青瓷佳作。六朝时期越窑青瓷艺术随着社会经济、文化的发展空前繁荣，堆塑羊是这一时期的典型艺术代表，成型技法、装饰纹样以及思想内涵等方面都极具特色，反映了宗教哲学思想中国文化对传统艺术形式的深刻影响，表现出我国一直以来对外来文化兼收并蓄的特点，探索六朝时期越窑堆塑羊呈现出的独特风格和艺术特色，有助于理解民族文化特点和传承文化精髓。

【153】 宋：越窑牡丹纹虎形瓷枕

尺寸：高 10.5cm 宽 12cm 长 17cm

说明：传世最早的瓷枕烧制于隋代，宋代瓷枕发展到了鼎盛时期，南北各窑口均有烧造，这些瓷枕形制多样，装饰手法也非常丰富。此件越窑虎形枕，腰间塑造一只卧虎，虎呈卧姿目视前方，神态怡然，枕面如荷叶般微微卷曲，中间凹陷，顶面浅刻牡丹花纹，线条流畅，花形丰盈，底面外撇，内部中空，底足可见垫烧痕迹。瓷枕为古陶瓷器物中一个重要的品类，可集造型、绘画、书法乃至文学于一体的艺术品，就传世器物来看，宋代的瓷枕南方窑口生产数量远少于北方窑口，加之此件瓷枕造型独特，做工精细，实可珍藏。

【154】 宋：越窑花卉纹粉盒

尺寸：高 6.5cm 口径 15cm

说明：此盒为宋代越窑作品之典范，胎质、釉水、装饰纹样均极富时代特征，器形规整，胎体匀薄，通体施青釉，釉水接近秘色，盖面模印花卉纹，加刻阴线纹饰，线条纤细、流畅，刀法熟练传神，颇具艺术感染力。越窑是中国古代南方著名青瓷窑，生产年代自东汉至宋，胎质坚实，胎色呈灰色，瓷化程度较高，釉色前期以黄为主，后期以青为主，题材多样。窑所在地主要在今浙江省上虞、余姚、慈溪、宁波等地，晚唐至北宋初是越窑工艺最精湛的时期，技艺不断精进，达到顶峰，所烧青瓷代表了当时青瓷的最高水准。

【155】 晋：越窑三足炉

尺寸：高 9cm 腹径 12.5cm

说明 越窑是中国古代最为著名的青瓷窑系，造型精美，器物众多，越窑的发展历史，可以追溯到商周时期的原始瓷烧制，东汉时，越窑烧造出成熟的青瓷，嗣后，经历了三国、两晋、南北朝的大发展时期，隋、唐、五代的全盛期，至宋代过后渐趋衰落。此器造型优美沉稳大气，釉色呈青黄色，胎质细腻致密，胎骨精细而轻盈，圆口，三足捏塑兽面，雄壮有力，器身刻划精美纹饰，两侧兽面衔环浮雕，应源自于金属器常见活环耳，造型、纹饰皆以高古青铜器为本，实属难得的收藏珍品，是晋代越窑的上乘佳作。

【156】 宋：越窑葫芦形执壶

尺寸：高 19cm 宽 14cm

说明：造型近似葫芦而得名，口内敛，上部位似小圆球，束颈，圆腹，浅圈足，垫烧露胎，手把呈耳形，流直适中微弯，原配盖，盖上一纽形象生动为葫芦藤形，造型简单素雅，是十分少见的一款执壶，丰富了越窑的造型艺术。越窑行至北宋，青瓷的烧造达到最高水平，名满天下，本品釉色明彻如冰，晶莹温润如玉，色泽青中带黄，美轮美奂，正是宋代越窑中的上佳者。

【157】 宋: 越窑双凤纹粉盒

尺寸: 高 6cm 口径 13cm

说明: 此粉盒呈扁圆形, 子母口, 浅直腹, 盖面微鼓, 圈足外撇, 内底有垫烧痕迹, 盒内外施满釉, 质感如玉, 色泽温润, 如宁静湖水般淡泊隽永, 意境悠远, 盖面刻饰双凤纹, 刻划清晰, 凸似浮雕, 颇为古朴雅致, 两凤姿态灵动, 羽翼丰满, 引颈前瞻, 首尾相望, 飞跃呈团状, 更显生动华美。"九秋风露越窑开, 夺得千峰翠色来", 自唐吟诗作赋之风盛行起, 文房器物中越窑青瓷温润如玉的釉质, 青绿中闪黄的色彩更受文人雅士的追捧。晚唐五代时期著名而神秘的"秘色瓷"便是出自越窑青瓷, 越窑青瓷历史久远, 始于汉代而盛于宋朝, 沿烧千年, 有"母亲瓷"之美誉, 装饰以光素为主, 也有划花、刻花、堆贴和镂空的纹饰, 线条流畅简洁, 纤细生动。北宋时期流行扁身平盖的粉盒, 此双凤纹粉盒便属一例, 实乃宋代越窑佳品。

【158】 宋：越窑蕉叶纹净瓶

尺寸：高 23cm　腹径 13cm

说明：本瓶呈六角细长颈造型，瓷质器形独特，线条古朴美观庄重，腹壁以浅浮雕手法饰以蕉叶，所刻蕉叶层层叠叠，错落有致，叶瓣经络以细划线出之，深刻浅划，富有立体感，通体内外满施青釉，釉色较薄，青绿，质感通透莹润，圈足满釉，底部留有垫烧痕，整体式样规整，光泽莹澈，涵青蕴翠，纹饰风格纤细淡雅，精美流畅，蕉叶纹作为一种瓷器装饰图案，也有着其独特美好的寓意，如芭蕉叶大，则"大叶"谐音"大业"，寓意大业有成，而且芭蕉的果实都长在同一根茎上，一根根紧挨在一起，所以被看作团结、友谊的象征，再如芭蕉其冬死春又复生的特点，有着欣欣向荣、蓬勃向上的特性。越窑瓷从东汉创造成熟瓷器以来，历经三国、两晋、南北朝隋代直至唐、宋近千年繁盛不衰，唐、宋时期已形成一个庞大的制瓷系统，青绿美丽的釉色、精致的造型、奔放的线划花纹，被称为青瓷中的精品为世人所珍视。这类净瓶不是民间普通用器，应是佛教及宫廷使用的"秘色瓷"青瓷。

【159】 晋：越窑折沿三足炉

尺寸: 高 8.3cm 口径 17.5cm

说明: 此炉折沿口，浅腹，弧壁渐收，三兽足，底部垫烧痕明显，通体施青黄釉，釉色莹润，整器刻划纹饰，线条纤细、流畅，刀法熟练传神，颇具艺术感染力，为晋代越窑精品佳作。两晋时期的陶瓷生产，特别是以越窑为代表的青瓷烧制，在整个中国陶瓷发展史上都有着举足轻重的地位，具有跨时代的意义。

【160】 宋：越窑花卉纹熏炉

尺寸：高 14cm 口径 11cm

说明：熏炉分为上盖和下底座两部分，以子母口相扣成为圆球形，大圈足，足底微凸，足根外撇，盒盖镂刻牡丹纹，茎花之外皆镂空，使实用与装饰浑然一体，腹下部刻划双层莲瓣纹，除盒盖的子口缘外，内外均施釉，釉呈青色，底部见垫烧痕，熏炉造型精巧，釉色纯净，是越窑青瓷的佳作，应属贵族使用的熏香用具。战国时期，我国就已使用熏炉进行熏香，汉代流行青铜和陶制的熏炉，三国时期，瓷熏炉出现，特别到宋时期贵族士大夫盛行"熏衣剃面，傅粉施朱"的生活方式，各种小巧精美、玲珑剔透的香熏炉也应运而生。

【161】 宋：越窑莲瓣纹瓶

尺寸：高 18.5cm 腹径 13.5cm

说明：此瓶口外撇，长颈，颈部饰弦纹，鼓腹，腹部饰莲瓣纹，圈足微外撇，通体
施青绿色釉，绿釉青翠，釉层较薄，底部有垫痕，整器造型简洁，颇为雅致。越窑
是唐、五代时最著名的青瓷窑场，也称"秘色窑"，所烧青瓷代表了当时青瓷的最
高水平，唐代越窑青瓷已很精美，博得当时诗人的赞美，如，颜况"越泥似玉之甄"，
许浑"越甄秋水澄"，皮日休"邢人与越人，皆能造瓷器，圆似月魂堕，轻如云魄
起"，陆龟蒙"九秋风露越窑开，夺得千峰翠色来"等，五代吴越时越窑瓷器已"臣
庶不得用"，作为吴越王钱氏御用及贡品，徐夤有诗云："捩翠融青瑞色新，陶成
先得贡吾君，巧剜明月染春水，轻施薄冰盛绿云"，由此可见长颈小瓶为北宋时期
越窑之佳作，越窑行至北宋，青瓷的烧造达到最高水平，名满天下。

【162】 五代：越窑双凤纹花口洗

尺寸：高 6cm 口径 23cm

说明：青瓷的烧制往往是同窑不同色，这是由于釉的呈色除原料因素外，还在很大程度上取决于窑内火焰的不同与变化，而火焰的控制又是十分困难的，所以青瓷釉色或深或浅，或浓或淡，是不足为奇的，越窑青瓷故此多为青黄色，釉色不如青绿釉鲜亮，而青绿如水、发色完美的秘色瓷便成了越州专供朝廷的宫廷用瓷。此品花口，浅腹，釉色古朴，斜收腹，平底有垫烧胎痕，洗的内壁压五道棱线，正中刻划双凤纹，形制灵巧。越窑是唐、五代及北宋初期最著名的青瓷瓷窑，唐代中期以后越窑产品的质量逐渐提高，有"类玉""类冰"及"千峰翠色"之誉，此花口洗即为五代越窑最具代表性的佳品。

【163】 宋：越窑花卉纹执壶

尺寸：高 19cm 宽 18cm

说明：早期越窑执壶素以造型、釉色取胜，多见光素无纹者，至宋初细线划花、刻花及褐色彩绘等带有装饰纹饰之器渐为流行。此壶直口，丰肩，球状腹，圈足，曲形把手，细长流微曲，壶盖呈将军盔形，通体施灰青色釉，釉质极其细腻匀净，如秋水碧玉，古朴典雅，腹身于釉下刻划花卉纹，纹饰清晰，线条流畅，所饰细线划花是越窑宋代的典型装饰手法，整体造型端庄秀丽，恬静柔美的釉色令人心旷神怡，受到文人雅士的喜爱。

【164】　宋：越窑莲瓣纹盖罐

尺寸：高 11cm　腹径 14cm

说明：此体形为钵式，敛口，器形规整，扁腹圆润饱满，底出外撇状圈足，足底内见垫烧痕，外壁通体刻划装饰莲瓣纹，花瓣脉络丝丝毕现，莲瓣自胫部向口沿处包裹而上，盖上置莲花形纽，层叠掩映，以器形和纹饰寓意一朵含苞待放的莲花，栩栩如生，匠心独运，以莲瓣入瓷器装饰，自南朝随着佛教的影响而传播开来，五代至北宋初期流行。盖罐整器胎薄质坚，周正之极，采用支烧满釉工艺成器，且内膛亦施釉，不多见，胎釉紧密结合，釉面光滑匀净，釉光滋润，器风优美秀致，轻巧宜人，是同时期越窑的一件高档珍品。

【165】 宋：越窑牡丹纹执壶

尺寸：高 20cm 宽 17cm

说明：此件执壶带八角式高盖，盖上一纽像一朵含苞待放的花骨朵，八面角式腹，足外撇，胎薄细腻，肩两侧是对置斜出的长流和高耸的曲柄，通体釉色为青绿，犹如碧绿的西子湖水，釉质薄均透彻，腹部刻饰折枝牡丹纹，刻划清晰，凸似浮雕，构图疏密有致，划花线条流畅，与端庄秀巧的器形相配，颇具典雅飘逸之美，作为青瓷的发源地，越窑青瓷有着无与伦比的重要地位，是中国文化文明的见证，有母亲瓷的美誉。

【166】　宋：越窑高足杯

尺寸：高 13cm　口径 11cm

说明：本品为越窑青瓷中的代表作，可称得上"秘色瓷"中的稀有作品，精美绝伦，
杯为五瓣花口造型，外壁无复杂纹饰，近口处饰弦纹，下方叶子承托，像极一
朵刚盛开的花朵，瓷胎呈灰色，胎质细腻致密，釉层厚且通体一致，光洁如玉，
色泽青翠，静如湖水，清澈碧绿，该器造型敦厚端庄，比例适度，线条流畅，
柔婉华美，构思巧妙，工艺精巧，浑然天成。"秘色"最早见于唐代诗人陆龟
蒙的《秘色越器》诗中："九秋风露越窑开，夺得千峰翠色来。好向中宵盛沆瀣，
共嵇中散斗遗杯。""秘色"瓷最初是指唐代越窑青瓷中的精品，是当时赞誉
越窑瓷器釉色之美而演变成越窑釉色的专有名称。

【167】 宋：越窑莲瓣纹执壶

尺寸：高 12.5cm 宽 16cm

说明：此壶撇口，束直颈，丰肩，肩上有弧形流，另一端置扁条形柄，肩两侧分堆模塑耳一对，中间有一圆形小孔，可系绳，腹部刻划莲瓣纹饰，外底有粘砂粒，可见垫烧痕，此壶造型规整，精巧美观，纹饰精致，釉色青绿，釉面匀净纯正，堪称越瓷壶中的精品。莲花纹是我国传统的纹样形式之一，在经过数百年的历史演变中，逐渐形成了其独特的样式和意义，该纹样代表着"万物""吉祥""好事连连""年年有余"等美好寓意。

【168】 六朝：越窑三脚金蟾水注

尺寸：高 5.7cm　长 12cm

说明：三足金蟾在古代中国神话传说中月宫有一只三条腿的蟾蜍，而后人也把月宫叫蟾宫，古人认为金蟾是吉祥之物，可以吸财镇宅辟邪，越窑瓷器最为常见的碗、盘、瓶、壶等使用器，而三足金蟾形的水注极为罕见，此三足金蟾仰头，小嘴微张，圆眼细长眉，背部釉面布满凸起的大小不一圆形小颗粒，形似蟾蜍的小疙瘩皮肤，身体为扁圆形，感觉集聚财宝于腹，整体犹如真的蟾蜍，活灵活现，背部有一出水孔，可爱至极，乃文房用品或摆件之收藏雅器。

【169】 宋：越窑花卉纹执壶

尺寸：高 20cm　宽 18cm

说明：唐代越窑青瓷已很精美，博得当时诗人的赞美，颜况「越泥似玉之瓯」，许浑「越瓯秋水澄」，皮日休「邢人与越人，皆能造瓷器，圆似月魂堕，轻如云魄起」，陆龟蒙「九秋风露越窑开，夺得千峰翠色来」，徐夤有诗云：「捩翠融青瑞色新，陶成先得贡吾君，巧剜明月染春水，轻施薄冰盛绿云」。五代吴越时越窑瓷器已「臣庶不得用」，作为吴越王钱氏御用及贡品。此件执壶阔口粗颈，口沿外撇，丰肩，细长曲流，扁形手把弯曲上拱，极具张力，腹部做六对起线，形似瓜棱，腹身刻划花卉纹，裹足垫烧，内底可见灰褐色垫烧痕，此种率性简练的细线划花纹，是宋越窑最为常见的装饰工艺，此壶造型饱满，周正美观，纹饰经典，釉色深沉，釉面匀净纯正，为北宋越窑壶中的代表之作。

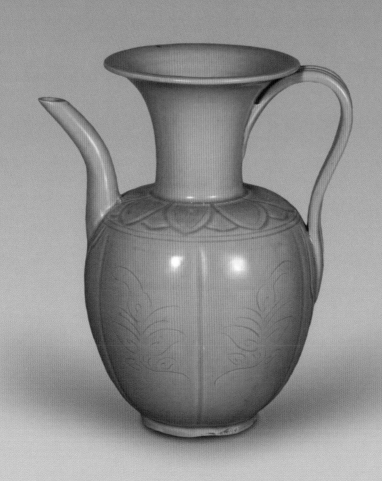

【170】 宋：越窑瓜棱形执壶

尺寸：高 23cm 宽 16cm

说明：此壶口颈部呈喇叭形，腹部圆鼓，六棱瓜瓣状，形似南瓜，圈足外撇，胎采用垫烧法，宽把高挺，长流弯曲，胎体坚细，釉色青中微黄，造型端庄，淡雅素洁。越窑青瓷是中国最早的"母亲瓷"，是中国历史上延续时间最长、影响范围最广、内涵最为丰富的古窑系陶瓷之一，越窑瓷器胎质细腻、釉色温润，以青翠晶莹名闻天下。

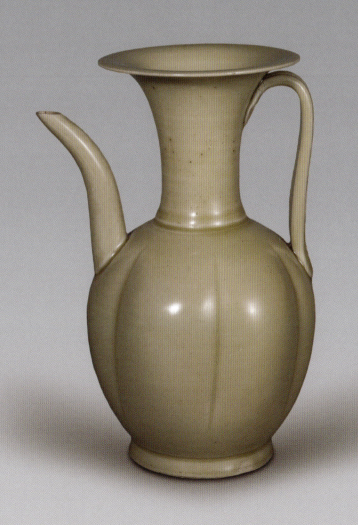

【171】 五代：越窑青釉花口洗

尺寸：高 4.5cm 口径 17.5cm

说明：花口洗自唐代中期开始流行，当受金银器多样式的影响，主要有青瓷、白瓷，五代时期，器物造型比唐代更加秀美，口沿的曲度变化也更为丰富，尽显玲珑巧制。此品的样式，造型周正规范，十曲花口外敞，尖圆唇，斜弧壁，内底平，外底微微内凹，边缘可见泥点垫烧痕，外壁可见五道短直压痕，与口沿凹缺相对应，内外满釉，施釉均匀，釉色天青略泛灰，为五代越窑经典器型之一。

【172】 五代：越窑蝴蝶纹花口洗

尺寸：高 4.5cm 口径 17cm

说明：青瓷的烧制往往是同窑不同色，这是由于釉的呈色除原料因素外，很大程度上取决于窑内火焰的不同与变化，而火焰的控制又是十分困难的，所以青瓷釉色或深或浅，或浓或淡，是不足为奇的，故此越窑青瓷多为青黄色，釉色不如青绿釉鲜亮，而青绿如水，发色完美的秘色瓷便成了越州专供朝廷的宫廷用瓷。此品葵口，浅腹，釉色古朴，斜收腹，平底，垫烧痕露胎，腹部压五道棱线，洗中心刻划两只翩翩起舞的蝴蝶，形制灵巧，越窑是唐、五代及北宋初期最著名的青瓷瓷窑，唐代中期以后越窑产品的质量逐渐提高，有"类玉""类冰"及"千峰翠色"之誉，至晚唐、五代越窑更加兴盛，出现多种仿金银器造型的器物，此花口洗即为五代越窑最具代表性的佳品。

【173】 宋：越窑三足炉

尺寸：高 18cm 宽 15.5cm

说明：青瓷香炉，人们常见的是龙泉窑之香炉，而这件"澄泥为范，釉色莹彻，极其精致"的香炉却是宋代越窑的作品，为海内外收藏中所仅见，其珍贵自不待言，此炉平板沿口，直筒，冲天耳置于口沿边两侧，下承三兽足，腹之中部有两道突弦纹带，下沿刻一圈莲瓣纹，底部有垫烧痕，整体釉色温润，造型素雅俊秀。越窑青瓷历史悠久，影响深远，倍受人们的赞赏和青睐，是汉族传统制瓷工艺的珍品之一，其特点是胎骨较薄，施釉均匀，釉色青翠莹润，光彩照人，不但是供奉朝廷的贡品之一，而且同时与宋代精美器物和文苑艺术交相辉映，在工艺美术领域里开创了一个新的瓷艺世界。

【174】 五代：越窑花卉纹花口碗

尺寸：高 7.5cm　口径 14.5cm

说明：此越窑碗口呈花瓣状，弧壁，口微外撇，作五处等距内凹，形成花口之状，每凹口下按压一条内凸外凹的隆起棱线，腹壁圆弧内收，下承圈足，碗内外壁均刻划花卉纹，通体施青绿色釉，底部垫烧露胎，釉色淡丽，造型端庄大方，浑厚淳朴而又不失秀媚，颇具匠心。越窑是中国古代南方著名的青瓷窑，汉族传统制瓷工艺的珍品之一，窑所在地主要在今浙江省上虞、余姚、慈溪、宁波等地，烧制年代东汉至宋，其瓷质造型，釉色之美，深受饮茶者的喜爱。

【175】 明: 哥窑海棠形笔洗

尺寸: 高 7.5cm 短径 14.8cm 长径 22.5cm

说明: 此件洗口呈海棠花形, 器身随口沿起伏凹凸变化, 整体造型精巧优雅, 秀气中彰显豪迈, 通体施釉开片错落有致, 釉面丰腴匀净, 釉色莹润自然, 平整柔光, 底部铁胎。明代从永乐朝已开始对哥窑器进行仿制, 成化以后逐渐消失, 此哥窑洗便是明时期仿哥窑的典型代表, 为瓷质文房用器中的名品。哥窑自宋代烧制以来, 因流传稀少, 格调高雅, 故倍受文人雅士, 甚至皇帝贵胄的青睐, 以致随后一直至清代末期皆有仿烧者络绎不绝。晚明鉴赏大家文震亨于其名著《长物志》中专门提及: "(笔洗)陶者有: 官、哥葵花洗、磬口洗、四卷荷叶洗、卷口蔗段洗", 可见彼时哥窑洗深得士人推崇。

【176】 宋：哥窑香炉

尺寸：高 11.5cm　腹径 15cm

说明：此炉板沿外折，短颈收束，折肩，腹部圆鼓，下承三长足，通体施米黄乳浊釉，厚若堆脂，温润似玉，光敛内蕴，釉面可见金丝铁线自然开片，纵横交错，视觉感受极佳，足底无釉，露黑铁胎坚致的胎体，通过梳理文献，大致可知宋代传世哥窑有如下特征：其一釉面犹如"酥油"般光泽，色调丰富多彩，有米黄、粉青、奶白诸色；其二有"金丝铁线"的纹样，整器似以青铜鬲为蓝本，然又融入了古人独特的审美情趣，此炉大小适中，造型古朴雅致，与腹部饱满的处理，形成了直线与曲线的对比，使器物更富有线条的变化，妙趣横生。

【177】 宋：哥窑花口洗

尺寸：高 5cm 口径 14.5cm

说明：哥窑葵花式洗为瓷质文房用器中的名品，数百年来备受文人雅士们的赞赏，晚明鉴赏大家文震亨于其名著《长物志》中专门提及："（笔洗）陶者有：官、哥葵花洗、磬口洗、四卷荷叶洗、卷口蔗段洗。"可见彼时哥窑葵花洗深得士人推崇。此件为哥窑葵花式洗之一例，造型端庄古朴自然，胎质厚实，釉汁肥腴，釉色温润如玉，质感柔和，发色纯正略带深沉，通体开片纹，花口三足，修胎精细，烧制工艺高超，稀有难得，具有很高的收藏价值。

【178】 宋：哥窑花口洗

尺寸：高 4cm 腹径 10cm

说明：哥窑为宋代官用窑瓷，南宋时期临安（今杭州）烧造，以金丝铁线、紫口铁足为特征，釉面莹润如古玉有微汗感，此洗敞口，形若五瓣葵花，浅腹，侧看弯弧雍雅，棱角含蓄，器身随沿起伏，柔美绵延，简约雅致，通体内外施米黄釉，呈现出乳浊的失透质感，釉汁肥厚匀润，色泽温润澄澈，周身纹片致密，深者呈紫褐色，浅者则为金黄色，大小纹片相间，深浅两色交织，遂成典雅美观的"金丝铁线"，自然相缀，浑然天成，底面亦上釉，十分自然，底圈足有露胎，是一件不可多得的文房珍品。

【179】 宋：哥窑海棠洗

尺寸：高 6.5cm 短径 11cm 长径 13.5cm

说明：本品为宋代哥窑海棠式四足洗，隽巧可爱，造型别具一格，属于传世所见哥窑当中的罕见佳器，口呈四瓣海棠花形，器身随口沿起伏凹凸变化，整体造型精巧优雅，秀气中彰显豪迈，釉质呈灰褐色，釉面莹润腴厚，犹如凝脂，宝光内蕴，静穆古雅，周身细碎纹片纵横，胎骨灰黑既薄又轻，器体下有四足承载，器内壁和底部散布少许缩釉孔，予人益见古拙之气。哥窑多为精巧之物，常入文房清供，其中作为笔洗使用，更是后世文人所推崇，明·屠隆《考盘余事》"笔洗"条有载："陶者有官哥圆洗、葵花洗、磬口洗、圆肚洗、四卷荷叶洗、卷口蔗段洗、长方洗。"可知哥窑笔洗式样丰富，影响至广。

【180】 明：哥窑瓷枕

尺寸：高 12cm　宽 12cm　长 23.5cm

说明：枕为四面长方形，两端翘起，中间微弧，美观大方，瓷枕具有清凉去热的物理特性，瓷枕的发展于两宋及金、元时期进入繁荣期，有长方形、腰圆形、如意头形等造型，品种繁多，尤以孩儿枕、虎形枕最为著名，此哥窑瓷枕极珍罕见，为明代仿宋之哥窑精品。

【181】 宋：哥窑葵口盘

尺寸：高 4.5cm 口径 16.5cm

说明：哥窑即宋代五大名窑之一，名声远播，其如玉似冰之釉质，古朴敦厚之器形，素雅幽远之趣味，深受历代皇家推崇与珍视，哥窑之釉色，可分为灰青色与米黄色，灰青者仿若天之玄，米黄者仿若地之黄。此件哥窑盘，葵口，斜腹，浅圈足，通体施灰青色釉，满布开片纹，古称之为"百圾碎"，乃宋代哥窑之尚品佳器，整体古朴之极，釉色纯若古玉，若配以灯光，仿佛一件古代玉盘。宋人尚玉，信奉儒教，常拜孔子，子曰："夫玉者，君子比德焉"，意指夫子常以古玉比喻君子，以古玉之德来喻君子之德，故制瓷亦仿玉之效果。五大名窑之中，又以汝、官、哥三窑，突显宋器之美，古时文人君子，视若至宝。

【182】 宋：哥窑贯耳六棱瓶

尺寸：高 14cm 宽 8.5cm

说明：贯耳瓶，六方口微侈，直颈，弧腹，下承高足，器底满釉露胎，颈两侧饰贯耳，釉面开大小纹片，状如冰裂，大纹片色呈深褐，小纹片多为黄褐，有「金丝铁线」之称，从整体来讲器形小巧，也正是这种温婉、不高调的气质，使得宋哥窑六方贯耳瓶不仅代表了宋代哥窑的制瓷水准与特色，更体现了宋代皇室的风格与风范，看上去釉色淡雅不夸张不华丽，但却在清淡中有一种浸透人心的清新气质和无可替代的底蕴内涵，像极了宋代的服饰风格和文人行事品格。

【183】 宋：哥窑胆式瓶

尺寸：高 19cm 腹径 10cm

说明：此瓶圆形小口，细长颈渐丰，削肩垂腹，窄圈足，因器形如悬胆而得名胆瓶，胆瓶为各式瓶形中器形最为典雅优美，可作花器，全器通体施釉，有着大小开片纹，釉色泛青灰，呈现出乳浊的失透质感，隐隐露出釉层下灰黑胎体之色，整器超凡脱俗，精致中带着文雅大气。

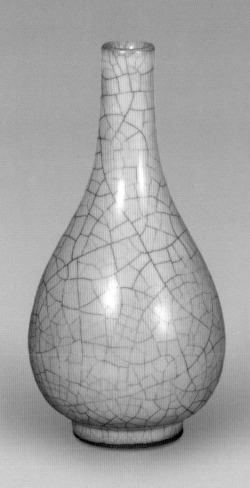

【184】 宋：哥窑三足炉

尺寸：高 8cm 口径 13cm

说明：此件宋代哥窑三足炉，筒腹撇口，下承三足，造型古朴典雅，形体庄重，圆浑秀美，通体施釉，釉呈白灰，釉色滋润如玉，圈足铁胎，釉面布满大小开片纹，错落有致，纵横交织如网，层层叠叠，在白灰釉的掩映下，犹如冬天江河里的冰块碎裂，相得益彰，着实趣味，古拙而不失俊美。哥窑即为宋代名窑，以其开片带有"百圾破"闻名，宋代哥窑在后世备受人们青睐，此炉器型、胎釉均符合哥窑特征，极富凝重古朴之感，深得宋器之神韵，器形端庄，釉面浑厚滋润，釉色均匀，是宋代烧瓷佳作。

【185】 元：湖田窑玉壶春瓶

尺寸：高 26cm 腹径 12.5cm

说明：此瓶敞口，细长颈，腹鼓下垂，瓶身呈八角形，为典型的玉壶春瓶形制，颈部蕉叶纹，其下满刻缠枝牡丹纹，刀工婉转流畅，毫无凝滞，斜刀刻划花瓣，花肥叶厚，看似信手而就，然非炉火纯青之技不可为，外施淡青釉，质地莹润光滑，底部露胎，可见胎土精细，烧结精实。玉壶春瓶在南宋作为酒器并不少见，然而刻画饱满，形制如此件雅致的尚未见类似。湖田窑是汉族传统制瓷工艺中的珍品，位于今景德镇市东南湖田村，是中国宋、元两代各大制瓷规模最大，延续烧造时间最长，生产的瓷器最精美的著名古代窑场。

【186】 宋：湖田窑瓷枕

尺寸：高 8.5cm 长 22cm

说明：湖田窑瓷器涉及生活的方方面面，有人物摆件、动物摆件、瓶、碗、酒具等，其中瓷枕的艺术水平堪称最佳之一，此枕前低后高，尺寸颇大，是湖田窑瓷枕的特色，也是宋代所流行的式样，其通体胎质坚硬，施青色釉，洁净润泽，枕面以浅刻勾勒缠枝牡丹纹样，以卷枝纹填满，枕壁以镂空雕盛开的花卉纹，满饰四周，装饰极为精彩，以镂空雕手法烧制的湖田窑瓷枕存世罕见，此种雕刻装饰手法多见于同时代金属器，技法娴熟，复杂精美，巧夺天工，此件保存完整且精美，艺术价值极高。

【187】 宋：湖田窑牡丹纹兽纽执壶

尺寸：高24m 宽21cm

说明：壶盖顶端塑兽形纽，昂首翘尾，生动传神，壶圆唇，直颈，斜肩，深腹弧收，圈足，壶身刻划缠枝牡丹纹，纹路清晰，叶脉花蕊毕现，线条流畅生动，肩部一侧置曲流，流下不装饰纹样，对称一侧置扁曲柄，连接肩部，通体施青白釉，色泛湖水青蓝，润泽光亮，底足满釉垫烧，此壶造工精湛，为北宋湖田窑烧造的上乘之作。湖田窑是汉族传统制瓷工艺中的珍品，位于今景德镇市东南湖田村，是中国宋、元两代各大制瓷规模最大、延续烧造时间最长、生产的瓷器最精美的著名古代窑场。

【188】 宋：建窑兔毫盏

尺寸：高 7cm 口径 12cm

说明：此盏束口，腹部斜收于圈足，圈足矮平，内低外高，修削极为工整，内外壁皆施黑釉，垂釉自然，釉水光润，乌黑亮泽，釉光保存完好，古穆可人，盏身内外有结晶析出的银色条缕丝纹，随釉流淌，深浅相杂，犹如野兔的毛毫，此盏亦为建窑名品。在宋代时期崇尚斗茶之风，南方各处虽有烧造黑釉器，但都不及建窑般有名，黑釉"建盏"是斗茶最佳珍品，因其黑釉盏能衬托茶沫、观察茶色，故此深受宋代士大夫、文人等斗茶者的欢迎。

【189】 宋：建窑兔毫盏

尺寸：高 7cm 口径 12.5cm

说明：本品束口，斜曲腹，下承圈足，造型挺拔，通体施黑釉，釉层肥厚，表面密
布兔毫纹，清晰可见，此器制作精致，釉色光润，釉面黝黑，呈毫清晰，是同类建
窑兔毫盏中上乘之作。建窑为宋代著名瓷窑之一，窑址位于福建建阳水吉镇，以黑
釉茶盏为大宗，胎为乌泥色。宋代斗茶之风盛行，而"建盏"则是当时斗茶最佳的
珍品，因此有很多宋代著名的文人墨客曾称颂过它：宋徽宗赵佶就有赞曰："盏以
青绿为上，兔毫为上。"苏东坡在《送南屏谦师》中云："道人绕出南屏山，来试
点茶三昧乎，忽惊午盏兔毫斑，打出春瓮鹅儿酒。"杨万里也有"鹰爪新茶蟹眼汤，
松风鸣雪兔毫霜"之说。北宋蔡襄《茶录》中有载："茶色白，宜黑盏，建安所造者，
绀黑，纹如兔毫，其坯甚厚，熁之久热难冷，最为要用，出他处者皆不及也。""建
盏"受珍视的程度由此均可见不一般。

【190】 宋：建窑兔毫盏

尺寸：高 6.5cm 口径 12.5cm

说明：此盏束口，深腹，深黑色铁足，圈足削修规整，釉色乌黑，兔毫细纹，精美至极，人皆梦寐以求之。建盏"天目"之名，乃出于宋时日本僧人西渡来华，于临安城天目山上学佛参禅，并邂逅建盏之故也。自此，即奉建盏为瑰宝，加以鉴赏珍藏，并以虔敬之心，用于茶道仪式。而兔毫盏又称"禾目"之名，意指茶盏之流釉现象，以黑釉茶盏品茶，领略茶道之美，经数百年茶道传承，日日悉心茶水滋养，盏中方显宝光内蕴。宋徽宗喜建窑茶盏，尤赏兔毫者，咏曰："螺钿珠玑宝盒装，玻璃瓮里建芽香，兔毫连盏烹云液，能解红颜入醉乡。"

【191】 宋：建窑兔毫盏

尺寸：高 7.5cm 口径 12cm

说明：宋代建窑主要烧造为适应当时"斗茶"需要的黑釉茶盏，依据釉面上所形成的氧化铁结晶斑的不同，其胎体厚重，釉色漆黑光亮，釉面布满了由氧化铁结晶而形成的自然流淌的各种斑纹，多姿多彩，变化万千，品种有兔毫、鹧鸪斑、曜变等称谓。

兔毫盏在宋代点茶法中扮演着重要的角色，宋徽宗在《大观茶论》中对兔毫盏有"盏色贵青黑，玉毫条达者为上"的夸赞。此盏敞口，口沿有棱，斜曲壁，小圈足，是建窑较典型的碗式之一，内外施满釉，外壁腹下部釉垂流，露胎处呈灰色，盏口釉呈黄褐色，口部与腹部衔接处釉呈土黄色，以下渐为黑色，釉面上有呈绽放状的黄褐色条纹，似兔毛，俗称"兔毫斑"，胎体厚实、坚致，器形规整简洁，清雅怡人。

【192】 宋：建窑兔毫盏

尺寸：高 7cm 口径 12.7cm

说明：兔毫者，举世稀珍，釉色盈润光洁，与建窑名品油滴相类，唯纹式各异，细观兔毫其纹，纤俊秀逸，宛若清清细雨，随云起，破长空醉舞，飘然落，又如屡屡银波，伴明月，邀静夜轻风，拂水过。建窑兔毫，谦素而内敛，黑盏斗茶，轻微击拂见白花，清晰可辨，易于观色，宋人尽皆追之，深入大宋精髓，尚建盏、研茶道、修禅门，人尽奉之，以为致珍，徽宗赵佶，钟迷茶事，曾言道："盏色贵青黑，玉毫条达者为上。"本盏釉色乌黑，兔毫纹细致笔直，釉面温润柔亮，保存良好，实属为珍品。

【193】 宋：建窑兔毫盏

尺寸：高 7cm 口径 12.5cm

说明：兔毫盏在宋点茶法中扮演着重要的角色，宋徽宗在《大观茶论》中对兔毫盏有"盏色贵青黑，玉毫条达者为上"的夸赞，北宋蔡襄《茶录》载："茶色白，宜黑盏，建阳所造者，绀黑纹如兔毫，其坯微厚，糩之久，热难冷，最为妥用，出他处者皆不及也。"此盏敞口，口沿下有一圈棱纹，斜曲壁，小圈足，是建窑较典型的盏式之一，内施满釉，外壁腹下垂釉较厚，露胎处呈灰色，胎体厚实、坚致，器形规整简洁，清雅怡人。建窑茶盏，是宋代茶道所用的上佳器具，为世所珍，并列为贡品，供内宫使用。在宋代盛行点茶、斗茶，为衬托白色茶汤及分辨水痕，因此胎厚色黑的建盏成为当时士大夫、文人的最爱。

【194】 宋：建窑盏

尺寸：高 8cm 口径 17cm

说明：盏撇口，斜壁，圈足，内外施黑釉，釉面灰色兔毫纹，口沿呈酱褐色，厚釉至近足处，胎体黑褐色，兔毫者，举世稀珍，釉色盈润光洁，与建窑名品油滴相类，唯纹式有异，细观兔毫其纹，纤俊秀逸，宛若清清细雨，随云起，破长空醉舞，飘然落，又如屡屡银波，伴明月，邀静夜轻风，拂水过。建窑兔毫盏，谦素而内敛，黑盏斗茶，击拂见白花，清晰可辨，易于观色，宋人尽皆追之，宋代饮茶活动高度发展，其中包括茶道比赛，由裁判根据盏内茶液泡沫的质量及持久度评选，黑褐盏较能衬托白色茶沫观察茶色，因此最受欢迎。

【195】 宋：建窑盏

尺寸：总高 6cm　盏高 4.5cm　口径 10cm

说明：整器由盏和盏托上下两部分组成，盏口沿微撇，斜弧壁，外壁施釉至近底部小圈足，可见垂釉，圈足不施釉，修足规整，盏内外均施黑釉，可见大大小小呈圆形的斑点，似油滴状，又似天幕中的繁星点点，故名油滴天目盏，该盏与盏托釉色呈浓重黑灰色，釉汁浓厚，有明显垂坠感，黑釉色泽深沉悠远，油滴斑点遍布器物全身，自下而上逐渐变得稀疏，呈现出金属质感，釉黑如漆，稠如凝脂，光亮如镜，釉面散布油滴状斑点，状如飞瀑击滔，远观犹如虹入溪涧，近观犹如深邃之宇宙，繁星闪烁，神秘莫测，令人心潮起伏。

【196】 宋：建窑盏

尺寸：高 7cm 口径 13cm

说明：本品口沿包铜边，斜曲腹，下承圈足，通体施黑釉，釉层肥厚，表面黄褐色兔毫纹清晰可见，制作相当精致，釉色光润呈毫清晰，适于斗茶，且是同类建窑兔毫盏中的上乘之作。建窑为宋代著名瓷窑之一，窑址位于福建建阳水吉镇，以黑釉茶盏为大宗，胎为乌泥色，有的釉面呈条状结晶纹，细如兔毛尖，称兔毫盏，兔毫颜色有黄和白两色，称为金、银兔毫，本品即为金兔毫。

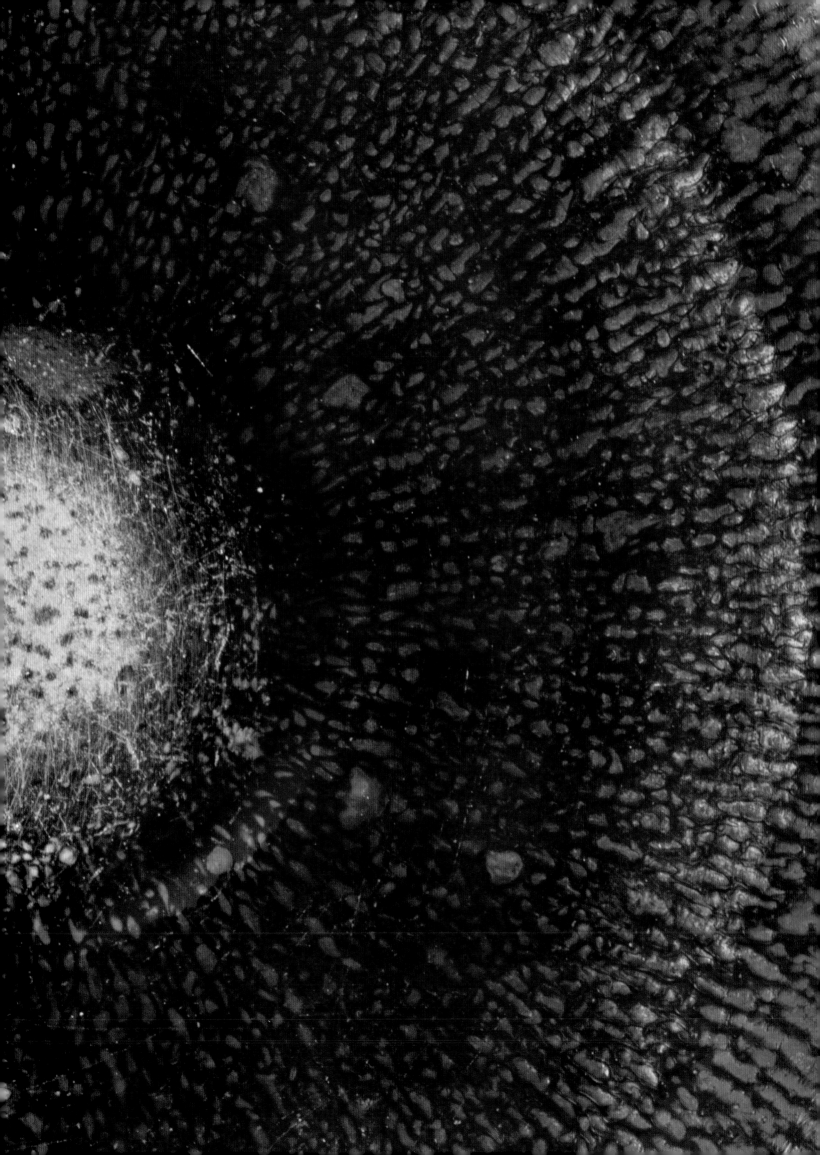

【197】 宋：建窑盏

尺寸：高 5.5cm 口径 13cm

说明：盏撇口，斜壁，圈足，内外施黑釉，釉面浮悬黄褐色小油滴纹，口沿呈酱褐色，厚釉至近足处，胎体黑褐色，宋代南方烧造黑釉器，以建窑最著名。此器纹饰介乎兔毫与油滴斑之间，非常罕见，油滴结晶装饰要求陶匠相当的巧工，先于坯体涂铁含量高的化装土，再施北方的黑釉，窑烧时釉内气泡带着高浓度铁质上升到釉面，冷却时结晶成银色磁铁矿，产生犹如水中油滴或夜空中繁星的装饰，油滴盏例子可参考东京静嘉堂收藏，美国哈佛大学艺术博物馆则收藏兔毫斑盏例子。宋代饮茶活动高度发展，其中包括茶道比赛，由裁判根据盏内茶液泡沫的质量及持久度评选，黑褐盏较能衬托白色茶沫观察茶色，因此最受欢迎。

【198】 宋：汝窑莲瓣纹洗

尺寸：高 5.3cm 口径 17cm

说明：此件汝窑莲瓣纹洗，圆口，浅弧形壁，圈足外撇，通体施淡天青色釉，釉如凝脂，天青犹翠，器形巧致雅绝，底部支钉点极细，通器完美臻善，做工考究，工艺大方，保存完好，当属汝瓷之范。由于清朝乾隆皇帝热爱瓷器的程度已经是到了痴迷的状态，清宫旧藏宋代五大名窑，有些器底加刻有宫殿名，有些则刻了乾隆御题诗句，那是乾隆皇帝下令造办处所为，表明了清朝皇家对宋代五大名窑的青睐与追求。此洗在底部精刻了"处州精制擅章生，盘子曾供泛索盛；新法不看百坂破，那知得号有难兄。"御题诗十分规正，严谨沉稳，刻功劲健，表明乾隆帝不仅雅好书画，对瓷器更是酷爱，每首咏瓷诗都表达了对瓷器本身的钟爱，也更加提高了五大名窑的价值，艺术市场纵有兴替更迭，此长彼消，然对于真正稀珍尤物，却始终能够超脱时空局限，熠熠生辉。宋代陶瓷蓬勃发展，且当时文人墨客对淡雅天青色钟情甚矣，于是这一时期烧造青瓷的窑业林立，数量众多，当中不乏越窑、耀州窑、龙泉窑等众多杰出代表，但在汝瓷面前也无奈稍显黯淡。汝瓷稀贵，巧致雅绝，位中国陶瓷之首，其对烧造工艺要求精益求精，南宋周辉撰《清波杂志》（卷五）云："辉出疆时，见彼中所用定器，色莹可爱……又汝窑宫中禁烧，内有玛瑙末为油（釉），唯供御拣退，方许出卖，近尤难得。"文献表明汝窑烧造时用玛瑙入釉，颇具神秘之感。窑址位于河南省宝丰县清凉寺的汝窑，釉色风格独具，它青中带蓝，温婉朴雅，与其他青瓷截然不同，徽宗皇帝更是青睐其内敛含蓄之美感，由此贵为御瓷，地位至高，一器难求。

【199】 宋：汝窑水仙盆

尺寸：高 7.5cm 长径 22.9cm 短径 16.7cm

说明：椭圆形、侈口、深壁、平底、足底间突出一圈窄边棱、四足、足呈云头形，全器满釉不露胎，仅在器底留下六个细小支钉痕。汝窑是中华传统制瓷著名瓷种之一，中国北宋时期皇家主要代表瓷器，汝瓷造型古朴大方，色泽独特，有"玛瑙为釉古相传"的赞誉，随光变幻，观其釉色，犹如"雨过天晴云破处"，"千峰碧波翠色来"之美妙，土质细润，坯体如胴体，其釉厚而声如磬，明亮而不刺目，器表呈蝉翼纹细小开片，有"梨皮、蟹爪、芝麻花"之特点，被世人称为"似玉、非玉、而胜玉"，宋、元、明、清以来，宫廷汝瓷用器，内库所藏，视若珍宝。此藏品为宋代汝窑水仙盆，品相完整保存完好具有极大的收藏价值。

【200】 宋：汝窑花形盏托

尺寸：高 2.5cm 口径 14cm

说明：托盘浅腹，圈足，盘心凹陷一圆形盏托，花式盘上翘，正面分别凸起六条曲线纹将盘面等分，开片细密，圈足内有垫烧支钉痕，露出香灰胎。汝窑被称为宋代五大名窑之首，在陶瓷艺术史上有汝窑为魁之说，汝窑青瓷胎质细洁，呈香灰色，釉色呈一种淡淡的天青色，釉面开细密的纹片，不同于其他青瓷，据文献记载汝官窑"内有玛瑙为釉"，玛瑙的成分主要是二氧化硅，而釉的主要成分也是二氧化硅，并且汝州产玛瑙，宫中用器不计成本，以烧造完美器物为上。汝窑器物造型有盘、碗、盆、瓶、洗、尊等，本器来自宋代汝窑，盏托通体施天青釉色，确有雨过天晴云破处，千峰碧波翠色来的意境，小巧隽秀，盈盈可握，令人爱不释手，甚是规整美观，难得的保存如此完好的汝窑甚是少见。

【201】 宋：龙泉窑粉青釉弦纹长颈瓶

尺寸：高 35cm 腹径 18cm

说明：此瓶口折沿，细长颈渐丰，扁圆形垂腹，大圈足，颈部装饰弦纹两道，似将长颈均匀的分成三段，简洁而神似，瓶身饰粗细相同弦纹，圈足大于口沿，器形端庄又不失俊秀，通体以粉青釉为饰，釉层厚腴，釉汁莹润，具有凝厚深沉的玉质美，自上而下的棱线让素雅的釉色增添起伏，突出造型的节奏感，其釉面所泛酥油宝光，为岁月年华的推演痕迹，神秘含蓄，华美醇滋若此，如青玉之出于昆仑，此乃上品佳作。宋人的审美重视一色澄净，予人以静谧遐想的空间，后世妆彩缛纹之举则无关乎宋瓷质朴自然的格调，故鉴赏宋瓷当出乎高古的审美趣味，品其温雅浑厚的线条，赏其蕴藉含蓄的釉色之美，其中弦纹瓶则为宋代龙泉青瓷的经典之作。

【202】 宋：龙泉窑黄釉长颈瓶

尺寸：高 20.9cm 腹径 12.3cm

说明：此瓶器形典雅秀美，口沿外撇，长颈圆腹，通身施黄釉，釉面沉稳莹润，娇嫩可人，大小纹片相间，极富质朴的艺术美感，是龙泉窑的典型美器。龙泉窑素以肥美润泽的青釉著称，鼎盛时期所烧造的粉青、梅子青等釉色，代表中国青瓷的至高水平，各种釉色中以黄釉最为罕见，若将珍瓷与美玉比较，龙泉黄釉之超然地位则更具说服力。玉材乃最受欢迎之中国工艺原材，无论南北，历来多以良玉比较青瓷，以玉色之千变万化，比拟青釉千峰翠色，黄玉珍罕贵重，皇家对黄玉更是格外钟情，而本品黄釉与黄玉美感如出一辙，过去数十年来，如本品之黄釉色泽于日本备受追捧崇敬，特以"米色"称之，意指带壳稻米之色，再者南宋杭州皇城遗址曾出土过大量米黄釉瓷片，说明当时这种釉色是受到皇室追捧而特意烧制。

【203】 宋：龙泉窑鼓钉纹笔洗

尺寸：高 7cm　腹径 18cm

说明：笔洗是中国古代文人的必备之物，一件文雅精美的洗，不仅赏心悦目，更是文人雅士自身追求的表达。龙泉窑素以厚釉青瓷著称，其优雅的造型、肥美的釉水，无一不彰显出独特的青瓷艺术，其形其韵，往往让人流连忘返，陶醉其间。以龙泉瓷作洗，简洁而不失精致，正符合文人们所追求的素雅境界，本品即为龙泉窑洗的精品之作，造型周正，口沿内凸出一棱边，外壁上下沿装饰鼓钉两周，下承三蹄足，外底中心有圈足，削修规整，造型简洁而美观，内外壁施粉青厚釉，釉面莹洁，通体无开片，显示出高超的烧造水准，釉色娇嫩纯美，观之如置雨后山林，格调清新，赏心悦目。

【204】 宋：龙泉窑粉青釉牡丹纹盖罐

尺寸：高 14cm 腹径 18cm

说明：盖罐直唇，弧腹，盖呈圆形，盖上及器身刻有缠枝牡丹纹，形制俊秀，
气质高雅，青釉厚腴温润，碧翠怡人，极具素雅匀净之美，釉质肥厚，釉光明亮，
莹润如玉，此件盖罐存世极少，为不可多得的龙泉窑极品，也代表了宋代龙泉
青瓷发展的最高水平，亦可遐想品味宋时人那份特有的风姿绰约芬芳清逸的儒
雅，历千年犹新，经朝代更迭冬去春来依旧洗练如初，实为当世珍宝。

宋：龙泉窑粉青釉牡丹纹盖罐

【205】 明：龙泉窑缠枝牡丹纹葫芦瓶

尺寸：高 46cm　腹径 24cm

说明：此瓶为葫芦形，直口，两圆腹中间束腰，圈足，全器罩梅子青釉，阳刻缠枝牡丹纹，腹肩部一圈八卦纹，釉色均匀，釉质肥厚，足底一圈露胎，整器形制规范端庄，釉水沉静滋润，体形硕大规矩，雄浑厚重，釉质上虽稍逊宋代，胜在花纹装饰繁多巧妙，纹饰精美，凸刻的缠枝牡丹纤秀静美，别有风韵。葫芦因其形似"吉"字，故而常被寓以吉祥之意，读音似"福禄"，亦常用于祈福，此外，又因葫芦多籽，故又承载了古人祈求多子多孙的美好愿望。此葫芦瓶典雅端庄，润如美玉，妙味无穷，是明代罕见的上乘龙泉窑佳品。

【206】 明：龙泉窑花卉纹执壶

尺寸：高 32cm 宽 28cm

说明：执壶又称注子、注壶，自隋代出现，后经历代发展，此式执壶造型即为明洪武官制执壶标准样式，其造型源于西亚铜器，除龙泉青釉器外，还见有青花器制品。此壶腹一侧设长弯流，与颈之间以云形板连接，极富美感，设计巧妙，另一侧置曲形柄，器形线条雍容秀美，通体刻划花卉为饰，层次丰富，布局得宜，所绘纹饰气韵生动，秀美而不失浑厚，尽显明初皇家风范。台北故宫博物院藏数件定为明初的相似例，著录于 2011 年台北出版《碧绿——明代龙泉窑青瓷》，图版 60 ～ 63 号，可供参考。洪武瓷器数量稀少，在造型上保留了元瓷那种硕大雄厚、古朴凝重的风格，但同时亦在演变中展示自身鲜明的个性，纹饰层次较元代疏朗，本品即是其中难得的一例。

【207】 宋：龙泉窑贯耳瓶

尺寸：高 12cm 腹径 7cm

说明：此瓶小口，颈部两侧对称附管状贯耳，与瓶口平齐，溜肩，下腹扁圆鼓，下承圈足，造型稳重淳朴，挺拔秀美，足缘露胎，通体施粉青釉，素面，釉色润泽，釉水肥润清澈，光泽柔和，如冰似玉，整器雅致而又不失秀媚，为宋代龙泉窑精品之作。贯耳是瓷瓶耳造型的传统式样之一，器耳呈贯通的管状黏附于瓶颈两侧，其造型取自春秋战国时期盛行的器物，用于投壶，是古时流行的宴饮游戏。

【208】 元：龙泉窑莲瓣纹龙虎瓶

尺寸：高 25cm 腹径 14cm

说明：瓶直口、短颈、肩部起三隆带，下腹部剔刻莲纹，圈足，盖上各饰一兽一凤鸟为钮，肩部分别堆塑龙虎盘旋缠绕，形态古朴，制作中采用了塑贴、刻划等装饰手法，工艺水平相当高，通体施青釉，釉汁肥腴，莹润光泽，胎呈灰褐色，坚硬厚重，成对保存完整，品相完美，十分的珍贵。龙泉窑始烧于北宋早期，南宋中期以后窑业极盛，明中期后渐衰，多见实用器，而龙虎瓶造型奇特，寓意深刻，是我国陶瓷发展史和宗教信仰习俗的重要见证物，其的特立独行在美术雕塑方面有着非常重要的研究价值，历来被收藏家视为镇馆之宝，可见其身价不凡。

【209】 元：龙泉窑粉青釉缠枝牡丹纹葫芦瓶

尺寸：高 21.5cm　腹径 14cm

说明：此瓶整体呈葫芦形，形制规整大方，小口微敞，束颈束腰，分上下圆腹，浅圈足，线条流畅，胎体厚重，胎色为白中带灰，整体施粉青釉，釉汁肥厚，温润如玉，器物纹饰简洁明了，其外壁模印缠枝牡丹花卉纹饰，藤蔓卷曲，花朵怒放，清新可人，葫芦因外形似"吉"字，故而常被寓以吉祥之意，读音似"福禄"，亦常用于祈福，此外，又因葫芦多籽，故又承载了古人祈求多子多孙的美好愿望，此瓶典雅端庄，雍容华贵，是罕见的上乘佳品。

元：龙泉窑粉青釉缠枝牡丹纹葫芦瓶

【210】 宋：龙泉窑八棱长颈瓶

尺寸：高 26cm 腹径 16cm

说明：此龙泉窑八棱瓶，侈口，束颈，弧腹，棱形足略外撇，瓶体秀丽灵巧，胎骨略沉，口沿及棱角处因釉薄微露灰白的胎色，这种棱角有"出筋"的效果，不仅突出了玉质感，而且使釉水装饰有了层次，增加了装饰的丰富性，体现了龙泉青瓷追求自然天成的美学韵味，以及高超的制瓷技巧。此瓶造型庄严朴拙，釉质肥厚，精光内敛，给人以平淡含蓄，沉静素雅的美感，颇有古韵，造型生动又不失沉静优雅，体现了文人情趣与民间趣味的融合，是一件雅俗共赏的龙泉精品。

【211】 元：龙泉窑龙纹扁瓶

尺寸：高31cm 宽16cm 长31cm

说明：龙泉青瓷因浙江省龙泉市而得名，该地旧属处州，故又称"处州窑"，宋代便已建立青莹润泽的釉色传统，至元代时仍承续不辍，《处州府志》中曾有记龙泉窑："极青莹，纯粹无瑕，如美玉。"此扁瓶直口外撇，颈短，整体呈扁方形，肩部较宽，底部微窄，肩部有四个系穿，正反两面近底部各有两个系穿，两面以两道凸弦纹作框，框呈亚字形，框内中心饰一条浅浮雕龙纹，四角各有一块流云纹，通体施梅子青釉，釉色晶莹润泽，是典型的元代龙泉窑器。

【212】 宋：龙泉窑粉青釉纸槌瓶

尺寸：高 17cm 腹径 9cm

说明：龙泉窑釉色以粉青色为最佳，因为粉青色为铁还原的标准色，也可以说是
烧制的技巧已达到炉火纯青，还原的火候若是烧得太过，就会变成较黑的翠青色，
反之，若是烧得不充分，则是灰青色或灰褐色，还没有达到还原火候的时候，便
会烧成不同程度的黄色，一般人会将之称为「黄龙泉」，其实是铁氧化的关系。
本品为南宋龙泉窑粉青釉纸槌瓶，瓶盘口、长直颈，斜肩转折向下接筒式腹，胎
腹径由上至下匀称有度，平底、浅圈足，圈足可见瓶胎，内外施釉，釉色粉青，
匀净纯粹，釉面玉质感强，器足处积釉明显，足端露胎，整器质朴素雅，简约端庄，
实为值得入藏传世之佳作。

【213】 宋：龙泉窑牡丹纹三足炉

尺寸：高 15cm 腹径 21cm

说明：此炉为圆口，直腹下微收，平底三足，底部中空，外口沿下及近足处各饰弦纹，腹部一圈刻缠枝牡丹纹，枝繁叶茂，繁花盛开，叶脉纹理毕现，栩栩如生，构图和谐均匀，纹饰疏朗流畅，线条流转自如，在釉层的覆盖下浮凸有致，别具韵味，整个器形规整，比例适度，胎体厚薄适中，敦厚质朴，釉质温润，犹如凝脂，宝光内蕴，实属一件礼佛之雅器。宋元时期是龙泉窑的辉煌时期，北宋时多为粉青色，南宋时呈葱青色，此器以釉色取胜，以造型见长，体现出古雅的独特风格，展古人崇尚纯净一色的审美品位。

【214】 元：龙泉窑牡丹纹凤尾尊

尺寸：高 39cm 腹径 20cm

说明：此凤尾尊口外撇，长颈，圆腹，腹下渐收，圆足素胎，口沿下为弦纹，颈部为折枝花卉纹，肩作以弦纹承接腹部，腹部通体装饰缠枝牡丹纹，立体感极强，胫部为细莲瓣纹，整体造型端庄典雅，胎体浑厚，釉色温润光泽，纹饰繁而不乱，雕刻精美细腻，体现了当时龙泉窑的特色，是精湛制陶工艺下的艺术珍品，具有极高的收藏价值。牡丹乃国花之王，缠枝牡丹，又名"万寿藤"，寓意花开富贵，吉庆祥瑞，本品器形硕大，胎体厚重，通体施青釉，釉色青翠，其制作工艺精湛，堪为龙泉窑青瓷罕见的艺术珍品。

【215】 宋：龙泉窑三足洗

尺寸：高 6cm　腹径 19cm

说明：洗是中国古代文人的必备之物，一件文雅精美的洗，不仅赏心悦目，更是文人雅士们自身追求的乐趣，龙泉窑素以厚釉青瓷著称，其优雅的造型、肥美的釉水，无一不彰显出独特的青瓷艺术，其形其韵，往往让人流连忘返，陶醉其间。以龙泉瓷作洗，简洁而不失精致，正符合传统文人们所追求的素雅境界，本品即为龙泉窑洗的精品之作，洗的造型周正，口沿内凸出一棱边，周身素雅无纹，下承三足，外底中心有圈足，削修规整，香灰胎，造型简洁而美观，内外壁施粉青厚釉，釉面莹洁，通体无开片，显示出高超的烧造水准，釉色娇嫩纯美，观之如雨后山林，格调清新，赏心悦目。

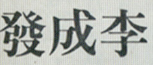

民窯陶瓷

生活之美 盡收眼底

李成發 收藏了 五百件歷史見證

細說家珍

本報記者　陳小姿

李家收藏成發精心呵護實用性的陶園中的瓷（本報記者王宏光攝影）

塑陶 作畫 說生活
林貴蘭 賴美華 展「心事」

遺對十二生肖唐代青瓷經簡·最難得

1988 年刊登上报
李成发家中橱柜的藏品之一！

244

【216】 明：龙泉窑蒜头瓶

尺寸：高 48.5cm 腹径 18cm

说明：龙泉窑蒜头瓶尺寸较大，满饰纹样，且原配顶盖，颇为珍贵，束直颈、鼓肩、腹往下收、圈足，头及颈部暗刻如意云纹，肩腹刻缠枝花卉，刀法流利纯熟，转角弧润顺畅，花饰抽象写意，通体施青釉，釉层厚而透明，釉面光泽，外观柔和淡雅，犹如青玉，胎质坚致色灰，胎体敦实厚重，针对不同的釉料性能，明代龙泉青瓷还形成有别宋瓷的装饰特色不以釉色取胜，而以印花、堆贴、刻划花为主。明龙泉青瓷的装饰范围也大大增加，正是利用釉的透明性能，采用刻、划、堆贴装饰，使作品另具一种工艺美。

【217】 宋：龙泉窑香炉

尺寸：高 10cm 宽 20cm

说明：龙泉窑创烧于北宋早期，南宋为极盛时期，器物制作规整，器底修坯平滑，质量有了显著提高，成功地烧造了粉青、梅子青等青翠娇艳的釉色，胎分黑白两类，白胎占 90% 以上，除了烧造了许多新式器形外，仿古器形如仿古铜、古玉器等也有大量烧造，形成一股风尚。此器形体较大，工整美观，口沿外撇，颈部有两道凸弦纹，鼓腹，腹壁上有一对龙耳，苍劲有力，比例协调，通体施娇艳的粉青釉，釉色肥厚莹润，具有青玉般的效果，足底露胎，胎体加入含铁的紫金土，故胎色灰中带褐，符合粉青釉瓷器的特征，宋人仿古尚美，此器美在古意盎然。

【218】 宋：龙泉窑玉壶春瓶

尺寸：高 24cm 腹径 14cm

说明：此瓶器形修长，秀美挺拔，口外撇，束颈，溜肩，垂鼓腹，浅圈足，通体施粉青釉，釉色纯净，釉层均匀，色泽明快，曲线玲珑，有很强的美感，加之釉质肥腴润泽，含蓄深沉，在龙泉窑玉壶春瓶中是属精品之作。宋代是一个"郁郁乎文哉"的文人社会，重视"清虚玄远、清静无为"的道教，推崇"修身养性、平易质朴"的理学，追求"天道"，崇尚自然，所崇奉的创作原则是"合于天造，厌于人意"，追求的最佳境界是"天工与清新""疏淡含精匀"，在这种美学思潮的影响下，包括宋代龙泉窑瓷器在内的各类艺术形式，一反唐代雍容富丽之风，而追摹一种端庄静穆、柔雅清和的意境，而此龙泉窑玉壶春瓶正好以其不施纹饰、自然质朴的风格迎合了当时人的审美时尚。

【219】 宋：龙泉窑粉青釉鬲式炉

尺寸：高 10cm 腹径 14cm

说明：此炉折沿口，束颈丰肩，圆鼓腹，下承分三足，肩部及腹部对应三足出筋明显，造型仿自商周青铜鬲，造型古朴，青铜鬲本为烧煮的炊具，宋代龙泉窑取青铜鬲的圆鼓腹造型，将空心三足变作实心，去掉双耳，口沿外折，便成了当时最为流行的香道具。本品通体满施粉青釉，釉层肥润，釉面清澈晶莹，以厚釉青瓷著称的龙泉窑，是中国青瓷史上一颗璀璨的明珠，自宋代兴起以来，历经元明，凭其肥美的釉质和优雅的形态称绝于世。宋庄绰《鸡肋编》载："处州龙泉县……又出青瓷器，谓之秘色。钱氏所贡，盖取于此。宣和中，禁庭制样需索，龙泉青瓷益加工巧。" 宋代的龙泉窑高等级器物往往是不惜工本烧制而成，其中特别是一些薄胎厚釉器，采用多次上釉反复素烧，最后高温烧成，而在宋代龙泉窑所制器物中，青釉鬲式炉堪称经典，备受后世钦慕。

【220】 宋：龙泉窑粉青釉玉壶春瓶

尺寸：高 18.5cm 腹径 11cm

说明："窑瓷精致何处来，括苍所产良足爱。滑润光生与玉侔，青炉峙立厌鼎鼐。"这首日本诗僧的七言绝句，赞美的就是龙泉窑宋元之际生产的青瓷精品。这件玉壶春瓶形制规整，内外施粉青釉，若一泓春水，更似和阗美玉，显示其身份的珍贵不凡，而足端削修严谨规矩，体现出匠师的一丝不苟，且不惜工本，无需任何纹饰，单凭其釉色之美润，造型之端庄，线条之优美，将该玉壶春瓶称之为龙泉窑鼎盛时期的绝品之作，恰如其分。

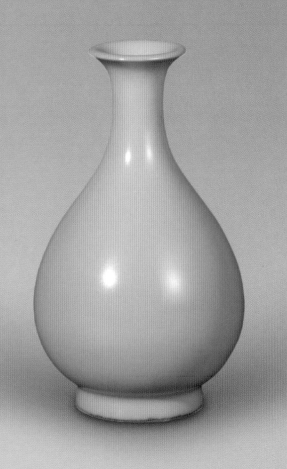

【221】 宋：龙泉窑双耳炉

尺寸：高 7.5cm 宽 17cm

说明：此双耳炉束颈，溜肩，垂腹，圈足，颈肩处饰对称鱼耳，器物通体施粉青釉，釉层凝厚晶莹，釉色粉青柔和，炉胎底厚实，胎质坚硬致密，胎灰白色，造型秀巧文雅，制作工艺精湛，此件龙泉窑炉以其古拙典雅的造型，曲直有致的线条，柔和莹润的釉质，达到了实用与美观相统一的艺术效果，属同类器物中的精品，此乃文人墨客香案陈设之佳器。

【222】 明：龙泉窑花卉纹玉壶春瓶

尺寸：高 32cm 腹径 20cm

说明：瓶撇口，长颈，溜肩，垂圆腹，圈足，器形修长饱满，秀美挺拔，曲线玲珑，线条优美，全器施青釉，釉色清淡莹润，宛如梅子出青，为龙泉之佼佼者，通体刻剔缠枝花卉，由颈部至足处，分别装饰蕉叶纹、缠枝牡丹纹及莲瓣纹，纹饰刻剔繁复清晰，刀工流畅利落，此类青瓷划花玉壶春瓶，多以当朝景德镇官窑器为摹本，以同形制的青花、釉里红作例，刻剔花纹与彩绘纹样几乎一致，如缠枝莲纹、栀子花纹，或硕果累累的葡萄纹等，此瓶制作考究，保存至今，品相全美，极为珍贵。

【223】 宋：龙泉窑粉青釉海棠形双耳瓶

尺寸：高 17.5cm 腹径 9cm

说明：传世的官窑、哥窑或龙泉窑作品中，仿古铜器之贯耳一式为常见的修饰手法，有长颈瓶、盘口瓶、尊式瓶之类，类似海棠形瓶与双耳结合的器物，极为鲜见。此器整作四曲海棠式，唇口微侈，束颈溜肩，颈两侧对置双耳，鼓腹下敛收，底足较高外撇，通体内外皆施粉青釉，釉层平滑滋润，器身光素无雕饰，色泽淡雅柔和，苍雅静穆，口沿处釉层较薄，微泛淡黄，极富天然韵致，尤显温文尔雅、风韵隽永，底足无釉，显露灰白泛红坚致的胎体，观之古意盎然，犹可辨赵宋遗韵。

【224】 元：龙泉窑缠枝牡丹纹四系瓶

尺寸：高 32.5cm 腹径 21.5cm

说明：龙泉窑是中国历史上的名窑，位于今浙江龙泉市，属我国南方青瓷系统，此件龙泉窑牡丹纹四系瓶，瓶圆口，短直颈，丰肩，肩部立有圆形四系，饱圆腹，腹下渐收，平底，圈足，通体施青釉，胎质细腻致密，釉层丰厚柔和，周身刻花，饰以缠枝牡丹纹，从釉色、釉面薄厚分布都体现元代龙泉窑独有的特点，其器形、纹样更是元代官窑青瓷的典型，工艺精湛，纹饰精美，造型优美大气，是不可多得的藏品。

【225】 明：龙泉窑鱼篓大尊

尺寸：高 30cm 腹径 34cm

说明：龙泉窑是南方著名青瓷窑口，因浙江省龙泉市而得名，该地旧属处州，故又称"处州窑"，以厚釉青瓷著称，因其质量精良，曾一度为明代宫廷烧造贡瓷。宋代便已建立青莹润泽的釉色传统，元、明两朝承续不辍，《处州府志》曾如此形容龙泉窑："极青莹，纯粹无瑕，如美玉。"可知其技艺之精。这件大尊为鱼篓形，精致典雅，造型别致，端庄灵秀，存世较为少见，瓷胎厚实，釉质肥美，器壁全身皆施梅子青釉，浮雕技法刻出海水纹和"仁智礼义信"五个大字，器形规整，稀有珍贵，颇具古雅之风，足为明供佳品。

【226】 宋：龙泉窑冲天耳三足炉

尺寸：高 5.5cm 腹径 14.5cm

说明：此炉口沿冲天立耳，扁腹，呈三足，三足露胎处呈"紫足"样，炉器内外满釉，釉色清淡素雅，器形古朴大方，为南宋龙泉不可多得的经典器制，此炉存世极少，为南宋龙泉窑极品，也代表了宋代龙泉青瓷发展的最高水平，亦可遐想品味宋代文人那份特有的风姿绰约、芬芳清逸的儒雅，历千年犹新，经朝代更迭冬去春来依旧洗练如初，实为当世珍宝。

【227】 明：龙泉窑葫芦瓶

尺寸：高 35cm 腹径 18cm

说明：此瓶为葫芦形，圆口、短颈，上圆下方腹中间束腰，全器罩青釉，阴刻水果纹，纹饰精美，在明代中期，传统的陶瓷葫芦瓶样式得到复苏，至嘉靖、万历时期，皇帝痴迷于道教，开始出现"上圆下方"的葫芦瓶，可以说是达到了空前勃兴的程度。葫芦谐音"福禄"，是吉祥福禄的象征，又因其多子，寓意：多子多孙，葫芦作为盛器，被看作是神仙栖息之地，是仙境的象征，葫芦所折射出的"福"文化深深地扎根于中华民族文化的血脉中。

【228】 元：龙泉窑青釉褐斑玉壶春瓶

尺寸：高 22cm 腹径 14cm

说明：此瓶玉壶春式，造型匀称，撇口，细长颈，溜肩，鼓腹，通体施青釉，色泽均匀，釉面以褐彩点缀，线条流畅，体现高超的拉坯工艺，釉色水润凝厚，极为素雅，是元代龙泉窑瓷器中的精品，具有很高的收藏价值。唐代司空图的《诗品·典雅》中有"玉壶买春，赏雨茆屋；座中佳士，左右修竹"来赞美此瓶形。玉壶春瓶是中国瓷器之经典器型，但每个朝代都有自己的特点，而元代最为修长匀称，此瓶全身青釉，线条优美，犹如一位不施粉黛，只着一袭绿裙的江南美人、亭亭玉立、不沾烟火，点彩艺术在青瓷中使用已久，至少在三国时已出现，越窑应该是最早使用以铁为着色剂的点褐彩艺术的窑场，到六朝时，除越窑外，温州地区的瓯窑大盛点彩之风，而龙泉窑使用斑彩则是元代的杰作。

【229】 元：龙泉窑青釉点褐彩执壶

尺寸：高24cm 宽21cm

说明：执壶撇口，束颈，溜肩，圆腹，圈足，一侧置曲形执把，另一侧置弯形长流，通身内外施青釉，色泽均匀，釉色柔亮，器身点缀褐色斑点流淌自然，器底露胎处呈现火石红色泽，浑然天成，器形端庄，是同类龙泉窑中的精良之作，不可多得，点彩装饰就是在上釉的器物坯体上，根据装饰部位的需要点缀其上，高温烧成后呈现褐红色，与青绿釉色对比强烈，在烧造过程中，高温作用下釉的熔融，出现晕散的效果，元代创烧的龙泉青瓷上加点褐色斑与青翠的釉色形成了相映成趣的艺术效果。

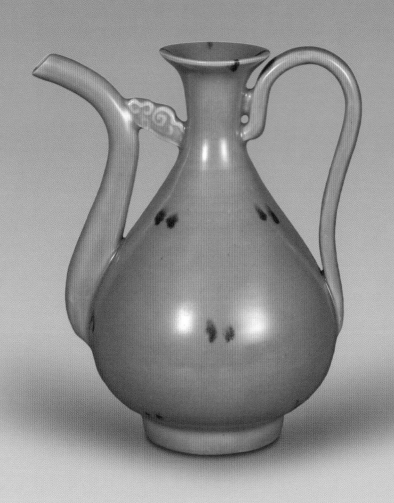

【230】 宋：龙泉窑粉青釉莲瓣纹执壶

尺寸：高 17.5cm 宽 17.5cm

说明：此壶直口斜肩，两侧各一穿孔，斜腹下收，底承圈足，胎体呈褐色，肩部一侧出斜弯流，一侧置带状柄，腹壁浅浮雕仰莲瓣纹，莲瓣疏朗宽阔，蓬勃饱满，此种纹饰在五代至北宋早期经常出现，外壁通施粉青釉，釉面肥厚，均匀细润，龙泉窑是中国历史上的一大名窑，汉族传统制瓷工艺的珍品，以烧制青瓷而闻名。

【231】 宋：龙泉窑弦纹长颈瓶

尺寸：高 25cm 腹径 14cm

说明：此瓶束口，细长颈渐丰，扁圆形垂腹，圈足，颈部装饰弦纹两道，似将长颈均匀的分成三段，又似青竹一支，简洁而神似，器形端庄又不失俊秀，通体以青釉为饰，釉层厚腴，呈青色，釉汁莹润，具有凝厚深沉的玉质美，自上而下的弦纹线条让素雅的釉色增添起伏，突出造型的节奏感，其釉面所泛酥油宝光，为岁月年华的推演痕迹，神秘含蓄，华美醇滋若此，如青玉之出于昆仑，是宋龙泉之上品佳作。

【232】 宋：龙泉窑粉青釉纸槌瓶

尺寸：高 23cm 腹径 11.5cm

说明：本件为南宋龙泉窑粉青釉纸槌瓶，瓶盘口、长直颈，斜肩转折向下接筒式腹，胎腹径由上至下匀称有度，平底、浅圈足，圈足可见瓶胎，整体内外施釉，釉色粉青，匀净纯粹，釉汁玉质感强，器足处积釉明显，足端露胎，整器质朴素雅，简约端庄，实为传世佳作。